走进奇妙的科学

神奇的天然气

恐龙小Q儿童教育中心 编

五洲传播出版社

秋天到了，住在乡下的田鼠吉吉把晒干的大枣、核桃和燕麦装了满满一大包，到城里去拜访他的远房亲戚——家鼠吱吱。

　　吱吱住的地方可真漂亮，房子里有好多吉吉没见过的东西——能播放动画片的电视、会唱歌的音响……还有一个在房间里走来走去、像巡逻兵一样的扫地机器人。吉吉和吱吱快快活活地玩了老半天。

突然，客厅的门开了，吱吱赶紧带着吉吉溜到了沙发底下——这里是他的秘密基地。吱吱从沙发里面拉出一个儿童望远镜，对着外边望了又望。

"是房子主人回来了，这个时间正是做晚饭的时候。"吱吱说。

果然，一阵叮叮当当之后，一股香味飘了过来。咕噜咕噜——吉吉的肚子叫了起来。

"饿了吧？"吱吱说，"别急，等会儿我带你去厨房里找吃的！"

正在这时，房子主人的手机响了起来：

"喂？哦……好的……我马上去！"

一阵踢踢踏踏的脚步声响起，客厅门被打开又关上，紧接着是钥匙在锁孔转动的哗啦声，然后是一片寂静。

"太好了,房子主人出去了,咱们赶快去厨房找吃的!"吱吱和吉吉从沙发底下溜了出来,顺着香味直奔厨房跑去——原来是房子主人正在炖一锅汤。

吱吱带着吉吉爬上橱柜,从砧板旁边的盘子里拿出两块奶酪,跟吉吉一起吃了起来。

"哎,吱吱,锅下面跳动的蓝色东西是什么?"吉吉好奇地问,"它可真好看!"

"是火焰啊!"吱吱边吃边说。

"别逗了,火焰是黄色的啊!"

"那不一样,这是天然气燃烧的火焰,就是蓝色的。"

"天然气?那是什么东西?"

"这个,其实,嗯,我也不太懂……"吱吱不好意思地挠了挠头,"我只知道,城市人做饭都是用天然气!"

"太神奇了,这火苗一直在烧,却看不到燃料,天然气究竟是什么样子呢?"

"这样吧,我带你去个地方,那里应该能找到你想要的答案。"吱吱把最后一块奶酪塞进嘴里,朝吉吉挤了挤眼。

说干就干,吱吱带着吉吉离开房子,趁着夜色穿过五个街区,一路跌跌撞撞、躲躲藏藏,最后来到了一个地方——图书馆。

这会儿正是吃晚饭的时间，图书馆里人很少，四周静悄悄的，吉吉甚至能听到自己咚咚的心跳声。

"我们不会被人类发现吧？我有点怕……"

"别怕，说不定人类见了我们会怕呢，哈哈！"

吉吉和吱吱像特工似地一边躲藏一边寻找，最后在一个无人的角落里找到了一架关于天然气的书。

吱吱先是找来一个软绵绵的椅子垫，然后麻利地爬到书架上，开始认真筛选："就是这本。"

吱吱费力地拉出一本书，吉吉拿着椅子垫、仰着脑袋左左右右地瞄准。"嘭"地一声闷响，那本书不偏不倚地落到了椅子垫上。

吉吉和吱吱迫不及待地翻开书看了起来。

✦ 天然气是一种从很深的地壳下开采出来的可燃气体。

✦ 天然气是无色无味的。

✦ 天然气的主要成分是甲烷。

✦ 天然气经常跟石油一起被发现。

"我只知道木头、纸、煤炭可以燃烧,看不见摸不着的气体竟然也能燃烧,太神奇了!"吉吉感叹道。

"你不知道的还多着呐!你看,书上说天然气总是跟石油在一起,石油可是个神通广大的东西,听说化纤衣服、塑料、轮胎、汽油等好多东西都是用石油做的!"吱吱表情夸张地说,"石油还能做炸药——嘭!"

"嘘!!!"吉吉赶紧捂住吱吱的嘴,"小点声,别把人类招来!"

"好吧,刚才有点激动了,哈哈!咱们接着往下看吧。"吱吱说完便开始一页一页地翻书。

"等等,看这里,这些骨头是什么呀?"

"我看看。什么?书上说天然气是远古生物的遗体变成的!"

"意思就是说厨房燃气灶用来煮汤的天然气是古生物的尸体变成的?我忽然有种怪怪的感觉……这些古生物该不会也包括鼠类吧……"吉吉尴尬地说,"不过,人类是怎么发现地下埋藏着天然气呢?据我所知,人类并不像咱们鼠类这样会挖洞吧?"

部分科学家认为,在几千万年甚至几亿年前,地球上的海洋中生活着大量的动植物,这些生物的遗体长时间被埋藏在地下深处,慢慢变成了石油和天然气。

"说起挖洞来,人类可要比咱们鼠类先进多了——他们制造出了各种各样的机器,挖起洞来毫不费力。"吱吱一边翻页一边说,"看这里,这就是天然气开采的现场。看看那些巨大的钢铁玩意儿,人类真是太强大了,甚至还能在海上开采海底下面的天然气!"

◆ 比起陆上开采，海上开采难度更大，耗资也更巨大。

"不过,人类用什么来装这些天然气呢?总不会是用气球吧?"吉吉百思不得其解。

"亏你想得出来,怎么可能会用气球呢!"吱吱一脸无奈地说,"喏,这里有写:开采出来的天然气并不纯净,需要先去除杂质,然后加工成液体状态,再通过管道直接运走或储存起来。图片上那些巨大的罐子一样的东西就是用来储存液态天然气的。"

"那这些天然气怎么到人类家里去呢?而且,厨房里也看不到燃烧的液体呀?"吉吉又问。

"我找找书里有没有写。"吱吱说着又翻了几页,然后停在其中一页认真读了起来。

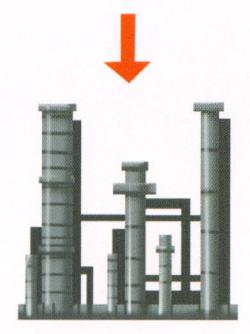

✦ 在比较高的压力、比较低的温度条件下，天然气会由气体变成液体。

✦ 气体的液化过程就像把操场上散开的小朋友聚拢到一起。

✦ 用来储存液化天然气的大罐子叫作LNG天然气储罐，它的结构很像热水瓶，分为内胆和外胆，能起到保温的作用。

✦ 很多人会把罐装的液化气看成天然气，其实它们的成分是不同的。

✦ 液态天然气需要被运输到气化站储存，并根据需要再转化成气体状态，然后才能送入城市天然气管道、通入居民家中供人使用。

✦ 大部分液态天然气是通过地下管道来运输的，也有一部分会使用汽车和轮船等交通工具运输。

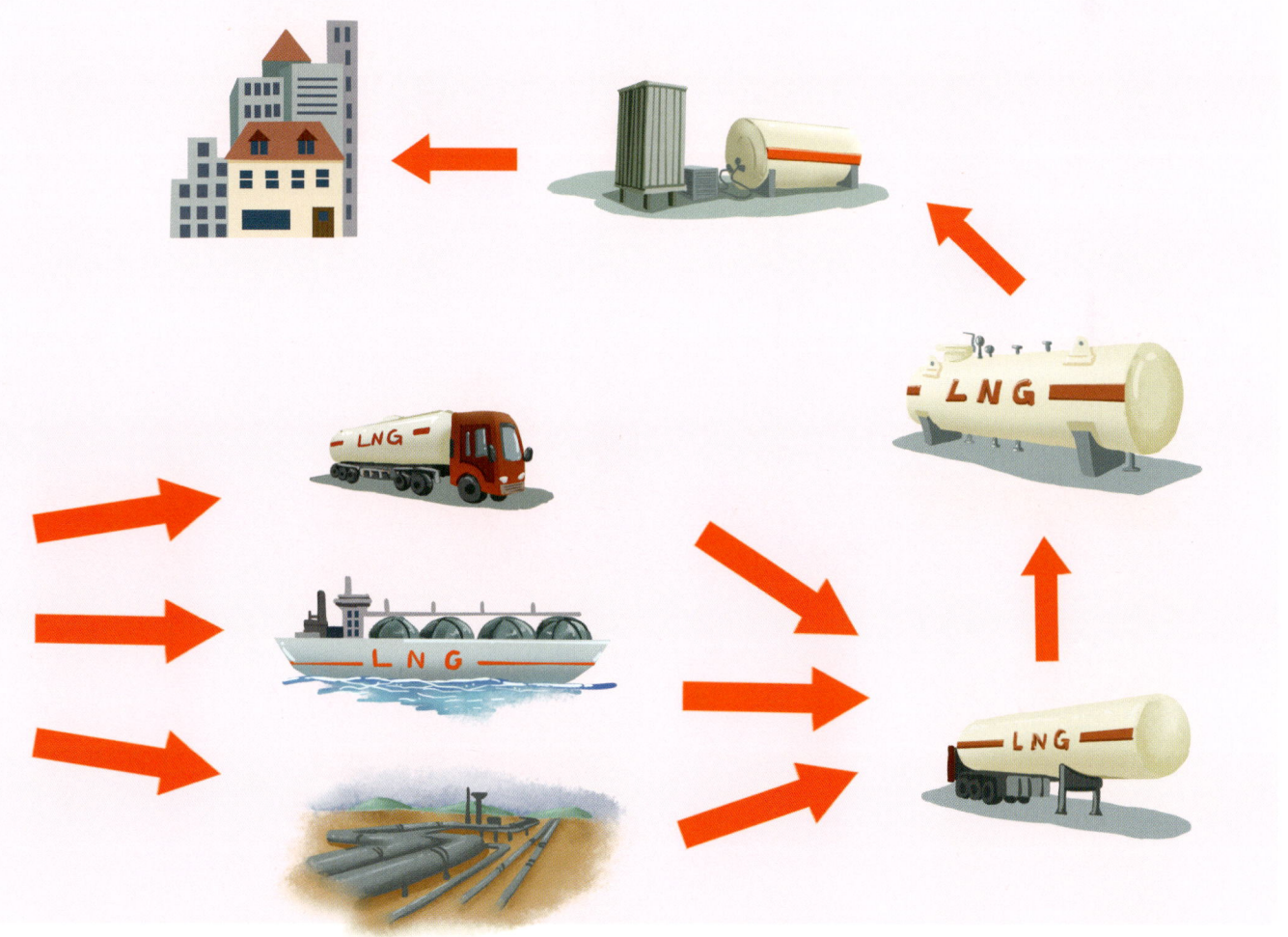

"原来如此。"吉吉点着头说,"真佩服人类的创造力,这是多大的工程呀!其实烧木头、煤炭就很方便呀,为什么要费这么大力气用天然气呢?"

◆ 燃烧是一种放热、发光的化学反应。
◆ 燃料有许多种,最常见的有木柴、煤炭、天然气、沼气等。

"你懂什么,天然气可以用管道传输不知道多方便呢!而且,书上说了,天然气是一种洁净的环保能源,燃烧时产生的二氧化碳很少,有利于减少温室效应。"吱吱说,"虽然我看不懂'二氧化碳'和'温室效应'这两个词,不过我可知道环境保护对人类非常重要哟!"

"你懂的可真多,都是看书学来的吧,以后我也得多啃书——不对,是多看书!"吉吉笑着说。

> ✦ 二氧化碳是一种无色无味的气体,被公认为是加剧温室效应的罪魁祸首;大部分燃料在燃烧时都会释放二氧化碳。
>
> ✦ 大气中的二氧化碳就像一层厚厚的玻璃,使地球的热量不容易散发出去,变成了一个"大暖房",这种现象被称做"温室效应"。

"不过,书上也说,使用天然气时一定要注意安全,如果发生泄漏会非常危险。"

"啊?那人类怎么知道天然气有没有泄漏啊?"

"这个简单,虽然天然气本身没有味道,但人类为了辨别天然气是否泄漏,就故意给它添加了一种特殊的气味。"吱吱指着书上的一段文字念了起来,"如果家里发生了天然气泄漏,首先要打开窗户,让泄漏的天然气飘出去,然后再把输送天然气的阀门关闭,这个过程中千万不能出现火源,也不能开灯、打电话、按门铃,不然就可能会爆炸哦!"

"我的天,科技给人类带来便利的同时也带来了危险啊……还是我在乡下的老鼠洞更安全舒适啊!"吉吉感叹道。

✦ 天然气比空气轻，泄漏后会飘在空气上面。
✦ 如果天然气泄漏的浓度比较大，遇到明火就会引发爆炸。
✦ 天然气里没有氧气，要是长时间处于其中，会使人窒息。

"啊!"

"老鼠!"

一阵尖叫声传来,吓得吉吉一蹦老高,差点尿裤子(不对,他根本就没穿裤子……)。

"不好,被人类发现了!快逃!"吱吱一把拉起吉吉飞快地逃了出去。

"好险,幸好我反应快!"逃到一个没人的暗处,吱吱一边喘气一边说,"咱们赶紧回去吧,厨房那锅汤应该熟了,回去喝点汤压压惊。"

吱吱和吉吉顺着来时的路一路小跑回去了,刚溜进房间就感觉有什么地方不对劲。

"咦?这是什么味道?"吉吉吸着鼻子边闻边说,"咱们是不是走错地方了?"

吱吱也试探着抽了抽鼻子:"确实有股味道,是厨房那边传来的。"

吱吱和吉吉蹑手蹑脚往厨房走去。

"房子主人好像还没回来……味道越来越浓了。"吱吱嘀咕着,"会不会真的是天然气泄漏了?"

吉吉抬头一看,果然,锅里的汤溢了出来,浇灭了火焰,诡异的气味就是从炉灶里散发出来的。

"怎么办,怎么办,会不会爆炸?我好害怕!"吉吉急得团团转。

"别急,你忘了咱们在书上看到的方法了吗?首先打开窗户,然后关紧阀门,赶快行动起来!"

吱吱和吉吉一起爬上橱柜，跳上窗台，费了九牛二虎之力才打开了窗子。

"还有阀门，赶快关掉天然气阀门！"吉吉喘着气说。

"交给我吧！"吱吱一溜烟跑去关掉了燃气灶的阀门，"搞定！"

"吱吱你可真厉害！"吉吉佩服地说。

"房子主人也太粗心了，厨房煮着东西就不该出去，应该关了火再走，看看多危险！"吱吱翻着白眼说，"不行，我得给她留个字条。"

吱吱找来一张便签纸和一支笔，费力地抱着笔在便签纸上歪歪扭扭地写了几个字。

"好了，把它贴在冰箱上，房子主人回来就能看到啦！"吱吱对自己的"作品"满意极了，"人类啊，在享受便利生活的同时，一定要学会注意安全哟！"

图书在版编目(CIP)数据

神奇的天然气 / 恐龙小Q儿童教育中心编. -- 北京：五洲传播出版社, 2017.8
（走进奇妙的科学）
ISBN 978-7-5085-3679-8

Ⅰ.①神… Ⅱ.①恐… Ⅲ.①天然气 – 儿童读物 Ⅳ.①TE64-49

中国版本图书馆CIP数据核字(2017)第139576号

神奇的天然气

编　　著	恐龙小Q儿童教育中心
责任编辑	黄金敏
出版发行	五洲传播出版社
地　　址	北京市海淀区北三环中路31号生产力大楼B座6层
邮政编码	100088
电　　话	010-82005927　82007837（发行部）
网　　址	http://www.cicc.org.cn
印　　刷	小森印刷（北京）有限公司
开　　本	889mm×1194mm　1/16
印　　张	12
字　　数	15千
版　　次	2017年8月第1版
印　　次	2018年6月第3次印刷
定　　价	96.00元（全8册）

走进奇妙的科学

"种"出来的衣服

恐龙小Q儿童教育中心 编

五洲传播出版社

"妈妈,什么时候去外公家啊?我想外公了。"趁妈妈给自己盖被子的时候,雪莉撒娇地说道。

"好啊,这个周末就去吧!"

"真的?太棒了!"

　　妈妈果然说话算话，周末一早，她就带雪莉去了外公的农场。农场里养了鸡、鸭、牛、羊，种了玉米、南瓜……对生长在城市里的雪莉来说，这些东西真是新鲜又有趣。

吃过午饭，妈妈陪外公聊天，雪莉追着院子里的母鸡玩，追着追着就跑到了外面一片开满白色"花朵"的田里。

"咦，这是什么花？好美呀！"雪莉忍不住采了一朵下来。

"喂!"一个气愤的声音响起,白色的"花"里竟然钻出来两个小家伙,其中一个还是一位长着翅膀、拿着魔法棒的小仙子!雪莉惊讶地睁大了眼睛。

"天哪,你毁了我的房子!!"小仙子生气地说。

"哦,抱歉,我不知道,我只是觉得这白色的花很美。"

"花?这才不是什么花,这是果实!"

"果实?"雪莉端详着手中的"花","难道像棉花糖一样能吃吗?"

"你的想象力倒是挺丰富的,不过,地里长出来的东西可不一定都是吃的哦!你手里拿的是棉花!"

"棉花?是做棉被的棉花吗?怪不得这样洁白柔软。"

"对呀!"

"棉被竟然是'种'出来的,太奇妙了!"

"这有什么大惊小怪的,你身上穿的衣服也是'种'出来的啊!只要是纯棉材质的衣服,都是用棉花做的。"

"可是,我的衣服布料又薄又平整,还有好看的颜色,怎么会是白白的棉花团做的呢?"

"唉,现在的小人类们实在是缺乏基本生活常识啊,那我就给你'科普'一下吧!咳咳,正式介绍一下,我是棉花仙子,这位是我的好朋友瓢虫先生。"

"你们好,我是雪莉。"

"嘟嘟嘟!"瓢虫先生说的话只有棉花仙子才能听得懂吧!

"这片农场里的棉花已经成熟了,很快就会被收割、采摘下来,然后经过晒干、去籽、清理等很多工序,制成皮棉。"小仙子说,"皮棉可以用来做被子,也可以用来纺线、织布。"

✦ 棉花的种子可以用来制作可食用的棉籽油。
✦ 去掉棉籽的棉花纤维被称作皮棉,皮棉可以加工成棉被的棉芯,或送去纺织厂制成纱线。

皮棉

"一团团的棉花怎么变成线呢?"雪莉不解地问。

"简单来说,就是用机器把棉花纤维进行整理、牵拉、加捻……哎呀,这样说也说不清楚,我们带你去纺织厂看看吧!不过,首先得把你变小才行。"

说完,小仙子一边挥动魔法棒,一边念起咒语——

只见雪莉被闪亮的星光围绕着,身体开始慢慢变小,最后竟然变成了蚂蚁那么小!

"好了,现在请爬到瓢虫先生背上吧,咱们这就出发!"小仙子说。

"嗯!"兴奋的雪莉手脚并用爬上了瓢虫先生的背。

"嘟嘟嘟!"瓢虫先生展开翅膀,驮着变小的雪莉慢慢飞上了天空。

微风轻拂着雪莉的头发，脚下的农场逐渐变成了一幅巨大的"地图"，飞翔的感觉可真不赖。比起飞起来翅膀嗡嗡作响的瓢虫先生，小仙女飞得要轻盈多了。她一会儿在前，一会儿在后，好像一只美丽的蝴蝶在翩翩起舞。不一会儿，纺织厂就到了。

"纺织厂的房子好大呀！"雪莉惊叹道。

"因为纺线要用大大的机器和长长的流水生产线啊！"小仙子说。

小仙子带着瓢虫先生和雪莉飞进厂房里，看到纺织工人们正在操作各种稀奇古怪的大机器。机器轰轰作响，毛茸茸、软绵绵的棉花经过一系列加工，真的被制成了结实的细纱线。

棉花制作成纱线主要分以下几步：
- 把成块的皮棉梳理成长长的棉条。
- 把几根棉条并在一起，牵拉抽细，制成更结实的棉条。
- 用粗纱机把结实的棉条牵拉成粗纱。
- 用细纱机对粗纱进行牵拉加捻，制成细纱线。
- 把细纱线缠绕成筒状，方便储存、运输和使用。

"制作好的棉纱线就可以用来织布啦！咱们去织布车间看看吧！"在小仙子的带领下，瓢虫先生驮着雪莉飞到了另外一个厂房里。这里跟纺纱车间一样有好多大机器，纱线经过各种加工，被制成了平整的布匹。

"从头到脚、从里到外，人们身上穿戴的布料都是用细细的线织成的。你仔细看看你的衣服，是不是？"小仙子说。

雪莉撩起衣襟，瞪大眼睛仔细观察，然后点着头说："是的，就像妈妈织的毛衣一样，只是线要比毛线细多了！"

"不过,衣服上的颜色和图案是怎么来的呢?棉花做成纱线织出来的布是白色的,可妈妈织毛衣用的毛线有很多好看的颜色呀!"雪莉问。

"别急,这里还有一道工序——染布。"小仙子边说边挥动魔法棒,"有些布是先把纱线染好色再织成彩色的布,有些则是先用纱线织成白布再染色,还有的是在织好的布上直接印花。"

✦ 有一种叫彩棉的棉花,是采用生物科技培育而成的天然具有色彩的棉花,无需染色,从地里长出来就是带有颜色的。

悄悄告诉你,在户外穿鲜艳的黄色衣服容易招小虫子哟!

"染好色的布还要经过设计、剪裁和缝制等很多工序才能变成人们身上的衣服。想想看，从一粒小小的种子到你身上的衣服，棉花经历了多么复杂的旅程呀！一件衣服包含了那么多人的心血，你可要珍惜呀！"

"嗯，我会好好爱惜我的衣服的！"雪莉点点头，"不过，棉花是怎么种出来的呢？跟粮食、蔬菜一样吗？"

"这个回去再给你讲吧！"

我也会爱惜我美丽的翅膀，弄坏就糟了！

又经过一段飞行的旅程,雪莉跟小仙子、瓢虫先生一起回到了棉花地里。

小仙子先是把雪莉变回原来的大小,然后说:"种植棉花跟其他农作物大同小异。首先我们要有一粒棉花种子,请你伸出一只手——"

小仙子一挥魔法棒,雪莉手中立刻变出了一粒棕色的、个头大约比瓜子小两圈的种子。

"这就是棉花种子,把它种到土壤里吧!"

雪莉用树枝在空地上挖了一个小坑,小心翼翼地把棉花种子埋了进去。

"现在注意看哦,感受生命的力量——啊啵啦咔哒啵啦!"小仙子念了一句咒语,"变!"

雪莉紧张地盯着埋下种子的地方。慢慢地,土壤开始松动,一个嫩绿的小芽忽地冒了出来!嫩芽不断舒展、生长,长成了一株棉花幼苗。紧接着,小小的幼苗开始迅速生长,个头越来越高,叶子越来越多。

"好神奇呀!"雪莉惊叹道。

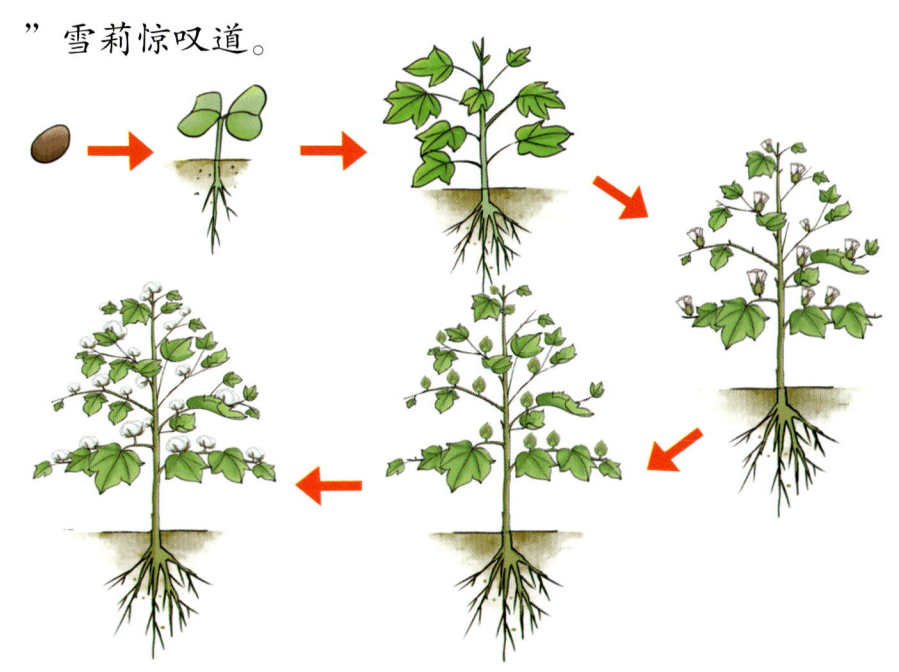

"幼苗经过浇水、施肥、除虫等精心照顾,差不多经过3个月的时间,就会开花啦!"

+ 棉花的原产地是印度和阿拉伯。
+ 棉花可以直接播种种子,也可以先把种子集中到一小块地上育苗,然后再一株一株移栽到棉花田里,这样栽种出来的棉花产量更高。
+ 常见棉花虫害:棉蚜虫、棉蓟马、棉铃虫、盲蝽蟓、红蜘蛛。

我背上有七颗星,是吃蚜虫的益虫,可不是害虫哦!

棉蚜虫

棉蓟马

棉铃虫

盲蝽蟓

红蜘蛛

小仙子话音刚落，棉花秧上就一朵接一朵开出了好多美丽的花朵！

"好漂亮啊！咦，刚才花瓣还是乳白色，现在怎么变成粉红色了？"雪莉惊讶地问。

"棉花就是这样啊！先开出的花是乳白色的，随着时间推移，花瓣会慢慢变成粉红色，最后再变成紫红色，这个时候花就要凋谢、结出果实了。"小仙子解释说。

◆ 由于各部位的花开放时间不同，所以常常会在一株棉花上看到出现几种不同颜色花的现象。

不一会儿,刚才还竞相绽放的花朵已经一个接一个枯萎、凋谢了,在原来开花的部位结出了一个个绿色的小圆疙瘩。这些圆疙瘩不断长大,顶部开始出现黑色的小点点。紧接着,圆疙瘩一个个裂开了,露出了里面白白的棉花。

✦ 棉花的果实叫作棉桃,棉桃成熟后会裂开,露出里面白色的棉纤维。
✦ 平均每个棉桃包含大概50万条棉纤维。

"棉花纤维其实是长在棉花种子上的绒毛,棉花种子就舒舒服服地躺在软软的棉花团里呢!"小仙子说,"棉桃每天沐浴着阳光,棉花纤维会变得越来越蓬松——就像晒被子一样,最后就变得跟农场里这片棉花一样了。"小仙子边说边拍了两下巴掌,刚被种出来的那株棉花一下就不见了。

听说晒太阳能补钙,我也晒个"日光浴"!

"人们穿的衣服和用布做的其他东西都是棉花做成的吗?"雪莉问。

"不一定哦!凡是成分标注为'纯棉'的面料都是棉花制成的——毛巾、袜子、内衣、衬衫、牛仔裤、地毯……数也数不清。"小仙子说,"除了棉花,还有其他材料也能用来纺线、织布,比如蚕丝、竹子、羊毛、亚麻这样的天然材料,还有人工制成的化学纤维。"

纯棉毛巾

纯棉袜子

纯棉面料牛仔裤

纯棉地毯

植物纤维

✦ 棉花做成的衣物坚牢耐磨、穿着柔软、透气、吸汗。

✦ 从竹子里提取的纤维也能用来纺线，竹纤维具有抗菌、除臭、吸湿等功能。

✦ 从亚麻、苎麻等物质中提取的麻纤维是人类最早用来做衣物的纺织原料，质地有些粗糙，具有吸湿、透气、耐水洗的优点。

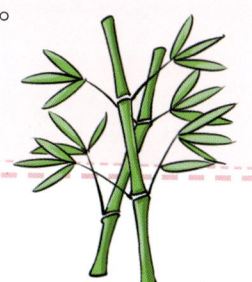

动物纤维

✦ 蚕丝是自然界中最轻、最柔、最细的天然纤维，用它做成的衣物柔软平滑、不易折皱。

✦ 用羊毛、羊绒、兔毛等动物毛发制成的纺织品弹性好，透气又保暖。

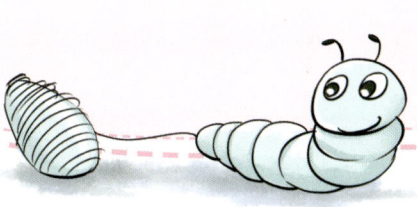

我也想要蚕茧那样的房子，一定很舒服。

化学纤维

✦ 尼龙、晴纶、涤纶等人们熟知的面料都是化学纤维。

"好了,天不早了,我还得赶紧去找新房子,再见吧!"雪莉还没来得及道谢,小仙子就跟瓢虫先生一起飞走了。

"雪莉,原来你在这里呀!"妈妈来找雪莉了。

"妈妈,农场里的这片棉花已经成熟,可以收获了!"雪莉大声说。

"是嘛,你是怎么知道的?"妈妈笑着刮了一下雪莉的鼻子。

"是棉花仙子告诉我的!"雪莉说。

"棉花仙子?哈哈,你的想象力很丰富呀!"妈妈笑了起来。

"是真的,刚才她还在这里……"

"好,咱们回去的路上慢慢说吧!"

雪莉和妈妈手牵手走在夕阳下,边走边讲棉花仙子的事情,妈妈究竟会不会相信呢?

图书在版编目(CIP)数据

"种"出来的衣服 / 恐龙小Q儿童教育中心编. -- 北京：五洲传播出版社, 2017.8

（走进奇妙的科学）

ISBN 978-7-5085-3679-8

Ⅰ.①种… Ⅱ.①恐… Ⅲ.①服装－儿童读物 Ⅳ.①TS941-49

中国版本图书馆CIP数据核字(2017)第139088号

"种"出来的衣服

编　　著	恐龙小Q儿童教育中心
责任编辑	黄金敏
出版发行	五洲传播出版社
地　　址	北京市海淀区北三环中路31号生产力大楼B座6层
邮政编码	100088
电　　话	010-82005927　82007837（发行部）
网　　址	http://www.cicc.org.cn
印　　刷	小森印刷（北京）有限公司
开　　本	889mm×1194mm　1/16
印　　张	12
字　　数	15千
版　　次	2017年8月第1版
印　　次	2018年6月第3次印刷
定　　价	96.00元（全8册）

走进奇妙的科学

钱的秘密

恐龙小Q儿童教育中心 编

五洲传播出版社

今天是毛毛的生日，但他却一点也不高兴，因为爸爸妈妈送他的生日礼物不是他想要的遥控汽车，而是一个不起眼的小猪存钱罐！而且妈妈还说让他学着理财，以后要把自己收到的硬币都"喂"给这只"猪"吃。

"等你把它喂饱了，里面的钱就够你去买辆遥控汽车的啦！"爸爸笑着说。

"都怪你，害得我的遥控汽车都没有了。我才不想喂你呢！"毛毛生气地说。他对这个礼物非常不满意，把它扔在床头柜上，闷闷不乐地睡觉去了。

不知睡了多久,醒来时,毛毛发现自己竟在一个完全陌生的地方。

"你终于醒啦!"

"你,你,你是小猪存钱罐?!"毛毛惊讶地看着面前这个会说话的小猪存钱罐。

"对,就是我!"小猪存钱罐说道,"不用惊讶,这里是金钱王国。我带你来这里长长见识。"

"我不想长什么见识,我要回家!"

"想回家?没问题!只要你跟着我参观完这里,再完成一份答卷,回答正确了就能回家。"小猪存钱罐调皮地说道。

没办法,毛毛只好跟着小猪存钱罐走进了一扇金灿灿的大门。

"我们要去的第一个地方,是一个没有钱的地方。"小猪神秘兮兮地说。

"啊?"毛毛听得一头雾水。

小猪带着毛毛来到了一条小河边，看到不远处有个人正在用渔叉抓鱼。

"这是上古时代的人类，他们过着简单的渔牧生活，这时还没有出现'钱'的概念。"

"那他们不买东西吗？"毛毛问。

"他们也做交易，但不是用钱买，而是'以物换物'。"

他们正说着，捕鱼人已经拎着几条鱼上了岸，毛毛和小猪跟着他来到了一处田边。原来捕鱼人想用鱼跟田里的人交换一些粮食，可是对方好像并不想要鱼。

小猪看向毛毛："你有办法帮他吗？"

毛毛想了想，说："我试试看。"他走过去跟那两个人说了几句话，然后捕鱼人便离开了，不一会儿又捧着一篮浆果回来。田里的人很愉快地用一捆粮食交换了捕鱼人手里的浆果。

"你是怎么做到的？"小猪问。

"我问田里的人想要什么，他说想要浆果，于是我就让捕鱼人先去找有浆果的人交换，然后就可以换到粮食啦！"毛毛说。

"你还挺聪明的嘛！"小猪笑着说。

"不过，要是有浆果的人不想要鱼，那捕鱼人就得找一个又一个的人，再一次又一次地交换，这也太麻烦了吧！"毛毛说。

"对，所以就有人想了一个主意：找一种大家都认可的东西，拿着这个东西就可以随意交换物品，钱就这样诞生了。"小猪说，"走，咱们去下一个地方吧！"

毛毛和小猪来到一个农贸市场，一些穿着古代衣服的人正在挑选食物和用品，选好后就掏出几个贝壳换走那样东西。

"贝壳？"毛毛有点不明白。

"是的，贝壳是比较早被当作钱币使用的东西。"

"出门买东西带着一堆贝壳，多不方便啊！"

"不仅不方便，而且贝壳数量少，不容易得到，所以人们后来也用石头、骨头、金属等做成贝壳的形状来做交易，叫作'贝币'。"

"再后来,经过不断改良,人们用统一制作的金属钱币代替了贝壳。"小猪边说边推开一扇门,带着毛毛走了进去,里面竟然是一个关于钱的博物馆。

毛毛指着一个青铜钱币兴奋地说:"这个我知道,在电视上看到过!好像玩具似的,真想要一个啊!"

"这个叫刀币,是模仿刀的形状,那个叫布币,是模仿当时使用的铲状农具,原形都是来源于劳动工具。"

- 据记载，中国从黄帝时期（距今约四五千年）就有金属钱币了，到春秋战国时期（距今约二千年），铜币已经被普遍使用。
- 当时的铜币主要分为四种：布币、刀币、环钱和蚁鼻钱。
- 公元前221年，秦始皇统一全国后，五花八门的钱币被一一废止，统一改为环钱，环钱的使用一直延续到清朝（1616—1911）末年。

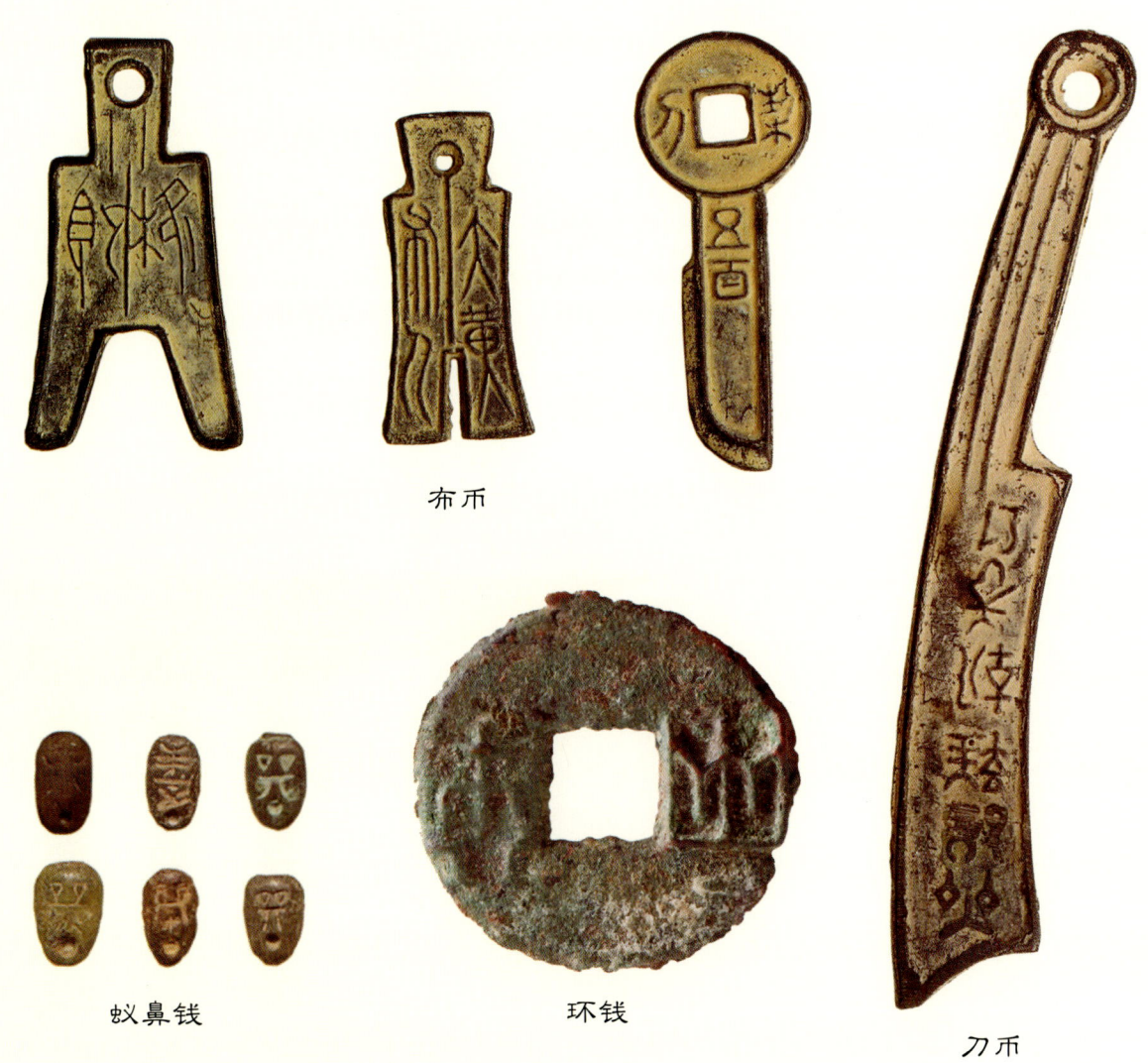

布币

蚁鼻钱　　环钱　　刀币

"哇,那些是黄金吗?"毛毛指着几个金锭问。

"是的,黄金和白银在古代也被作为钱来流通使用。"小猪说,"在中国,黄金和白银大多被做成元宝形状,有固定的重量规格,方便交易。散碎的金银块也可以买东西,卖家会检验金银的纯度,再用秤称一下重量。"

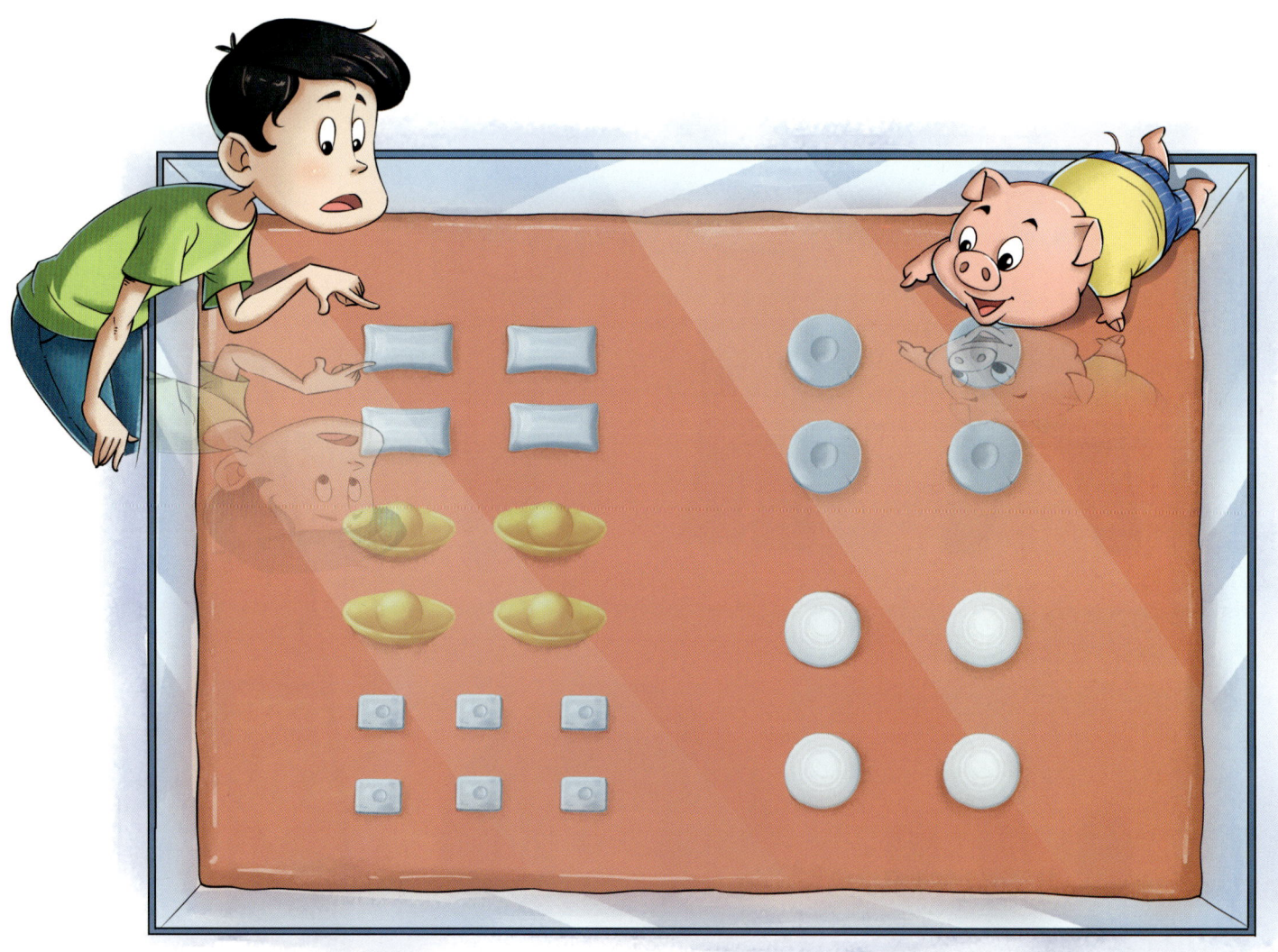

● 元宝起源于唐朝(618—907),最初是用银制成的"银铤",正式把金银锭称作"元宝"始于元代(1206—1368)。

"古时候外国也用金银交易，一般是做成金银币。铜和铁也可以用来做钱币。另外，有些地方还用石头、盐、烟叶、羽毛等东西当钱用。"

"啊？盐也能当钱用？真是太稀奇了。"毛毛感叹道。

铁币　　　铜币　　　银币　　　金币

石头币

盐币

羽毛币

烟叶币

"不过,金属钱币又重又容易丢,还是用纸做的钱更好用吧,又轻又方便。"毛毛说。

"没错。商业越来越发达,金属钱币就越来越不实用了,慢慢便出现了纸质钱币。中国宋朝的'交子'是有记载的世界上最早的纸币。"

- 中国是世界上第一个使用纸币的国家。
- 宋朝(960—1279)的纸币叫"交子";元朝(1206—1368))的纸币叫"中统交钞";明代(1368—1644)的纸币叫"大明宝钞"。
- 清代咸丰三年(1853)朝廷发行了两种纸币,一种叫"大清宝钞",一种叫"户部官票",合起来就叫"钞票",钞票的名称就是从那时候开始叫起来的。

户部官票

"因为纸币携带方便,世界各国都开始使用纸币,每个国家都有自己设计独特的纸币。"

"我知道,去年暑假爸爸妈妈带我去美国玩,那里的钱是美元;我抽屉里还有一张英国的钱,叫英镑,是我姑姑去英国旅游回来送给我的。"

"我们去了解一下人民币的秘密吧!"小猪拉着毛毛走到一个大屏幕前,一边用遥控器操作一边介绍说,"中国现在使用的是第五套人民币,其中一面是毛泽东主席头像,另一面是中国的几个著名地标。"

100元:北京人民大会堂

50元:西藏布达拉宫

20元:广西桂林山水

10元:重庆三峡夔门

5元:五岳名山山东泰山

1元:杭州西湖三潭映月

"钱币是由国家统一制作发行的,为了防止被伪造,纸币上设计了好多小细节。"

"这个我知道,爸爸给我看过,100元、50元人民币对着光能看到毛泽东主席头像的'水印',还有角上的数字从不同角度看会变色。"

"告诉你一个秘密,人民币上的水印并不是后来印上去的,而是在造纸的过程中就加上的。"小猪故作神秘地说,"这可是一项特殊技术哦!"

100元人民币的防伪技术

- 人民币钞票使用的印钞纸是以棉花为主要原料、带水印的特殊纸张,具有耐磨、耐折、耐酸碱等特点。
- 人民币钞票的印刷采用凹印技术,使人们触摸钞票时能感到明显的凹凸感。
- 每张人民币钞票上都有一串字母和数字组成的编码,它们就像钞票的身份证一样,是用来标记印刷批次和排列顺序的。
- 从印钞纸到钞票,中间要经过很多环节,整个制作过程大约需要耗时1个月左右。

"制作纸币这么麻烦啊!还是用银行卡方便。爸爸妈妈给我买玩具都是刷卡,或者'刷手机',比用纸币更方便。"毛毛说,"不过,我一直弄不明白,银行卡和手机里的钱是哪里来的呢?好像不管什么时候里面都有花不完的钱。"

"当然不是花不完的！"小猪皱皱眉头说，"不管是银行卡还是手机，里面的钱都是你爸爸妈妈辛苦上班赚来后存进银行的。现在科技发达，钱慢慢从钱包里的纸币变成了银行里的'数字'。"

"原来是这样啊……"毛毛不好意思地挠了挠头。

- 通常人们所说的银行指的是开展储蓄、贷款等业务的商业银行。
- 人们把自己通过劳动换来的钱积攒起来、存入银行的行为称作储蓄。
- 存入银行的钱可以通过相应的存折、银行卡或者电子账户来管理、支取、消费。

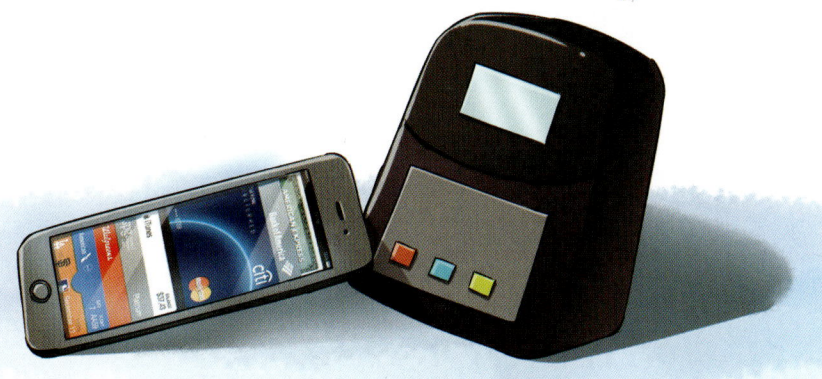

"人类从小学习各种技能，就是为了长大后能为社会作贡献，凭借自己的能力赚钱生活。"小猪一本正经地说，"钱不是白来的，也不是花不完的。爸爸妈妈把我送给你做生日礼物，就是想让你体会这一点啊！"

"我明白了，回去我一定会好好'喂'你吃硬币，管好自己的零花钱！"毛毛笑着说。

"好了，现在该去做试卷啦！"小猪朝毛毛挤挤眼睛。

小猪打了个响指，钱币博物馆瞬间消失了，他面前出现一套桌椅，桌子上放着一张试卷。

小朋友，你来帮他完成试卷吧！毛毛能不能顺利回家全靠你啦！

1、很久很久以前，在钱还没出现的时候，人们怎样进行交易？

　　A 乞讨　B 以物换物　C 用贝壳

2、古时候的贝币可以用哪些材料制作？（多选）

　　A 塑料　B 骨头　C 天然贝壳　D 石头　E 金属　F 玻璃

3、布币是根据什么工具的形状制成的？

　　A 布匹　B 铲状农具　C 玩具

4、金银锭是从什么时候开始被称为元宝的？

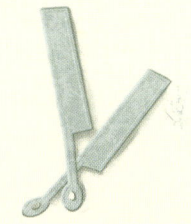

　　A 唐朝　B 宋朝　C 元朝

5、古时候以下哪些可以作为货币？（多选）

　　A 石头　B 盐　C 玻璃　D 烟叶　E 塑料　F 羽毛　G 金属　H 贝壳

6、宋朝的纸币叫什么？

　　A 中统交钞　B 大明宝钞　C 交子　D 户部官票

7、100元人民币上的景观是哪里？

　　A 桂林山水　B 布达拉宫　C 三潭映月　D 人民大会堂

8、纸币摸起来的凹凸感是怎么来的？

　　A 凹印技术　B 雕刻出来的　C 画上去的

9、银行卡里的钱是哪儿来的？

　　A 凭空而来的　B 人们存进去的　C 不知道哪儿来的

10、怎样做才能挣钱、积累财富？（多选）

　　A 乞讨　B 跟大人要　C 好好学习、辛勤劳动　D 勤俭节约不乱花钱

"嘀嘀嘀,嘀嘀嘀,嘀嘀嘀……"
毛毛伸手关掉闹钟,迷迷糊糊地睁开了眼睛。

"哎？怎么回事，小猪……"他看了看床头柜上的小猪存钱罐，像大梦初醒似地露出了微笑，"原来是一场梦啊！真是个有意思的梦！"

毛毛掀开被子准备下床，却听到叮当一声，有什么东西掉到了地上。他趴下一看，竟然是一枚小小的刀币！

毛毛惊讶极了，随后又会心地笑了起来。他捡起刀币，小心翼翼地把它塞进小猪存钱罐里，开心地说："放心吧，小猪，我会好好照顾你，不会让你饿肚子哦！"

试卷答案：
1、B 2、BCDE 3、B 4、C 5、ABDFGH 6、C 7、D 8、A 9、B 10、CD

图书在版编目(CIP)数据

钱的秘密 / 恐龙小Q儿童教育中心编. -- 北京：五洲传播出版社，2017.8

（走进奇妙的科学）

ISBN 978-7-5085-3679-8

Ⅰ.①钱… Ⅱ.①恐… Ⅲ.①货币 – 儿童读物 Ⅳ.①F82-49

中国版本图书馆CIP数据核字(2017)第139567号

钱的秘密

编　　著	恐龙小Q儿童教育中心
责任编辑	黄金敏
出版发行	五洲传播出版社
地　　址	北京市海淀区北三环中路31号生产力大楼B座6层
邮政编码	100088
电　　话	010-82005927　82007837（发行部）
网　　址	http://www.cicc.org.cn
印　　刷	小森印刷（北京）有限公司
开　　本	889mm×1194mm　1/16
印　　张	12
字　　数	15千
版　　次	2017年8月第1版
印　　次	2018年6月第3次印刷
定　　价	96.00元（全8册）

走进奇妙的科学

电是什么

恐龙小Q儿童教育中心 编

五洲传播出版社

"我的风筝能飞到云朵那么高!"

春天的田野里,浩浩扯着风筝线边跑边喊,爸爸在不远处跟着他。

"快回来,浩浩,那边有高压线塔,危险!"爸爸边追边喊。

浩浩停下脚步，回头看着身后不远处高高大大的"铁塔"，疑惑地问道："爸爸，这个'铁塔'好高好大啊！它是干什么用的？有什么危险啊？"

"这是高压线塔，塔的顶端伸出的长长的线是高压线，里面有电。我们要离它远一点，尤其是放风筝的时候，否则可能会触电。"爸爸解释道。

"原来是这样啊！那为什么还要把它建在这里？"

"电从发电厂生产出来，要通过高压线才能输送到用户家中，咱们才有电用啊！"

"哦,"浩浩点了点头,"那要是没有电了会怎么样呢?"

"你看啊,电灯、电视、电冰箱、洗衣机、空调……这些生活必备用品都需要电,工厂生产也需要电,现代人的生活处处都离不开电。"爸爸说道,"如果没有电,工厂会停工,交通会瘫痪,家用电器也全都不能用了,想想看,那得多可怕啊!"

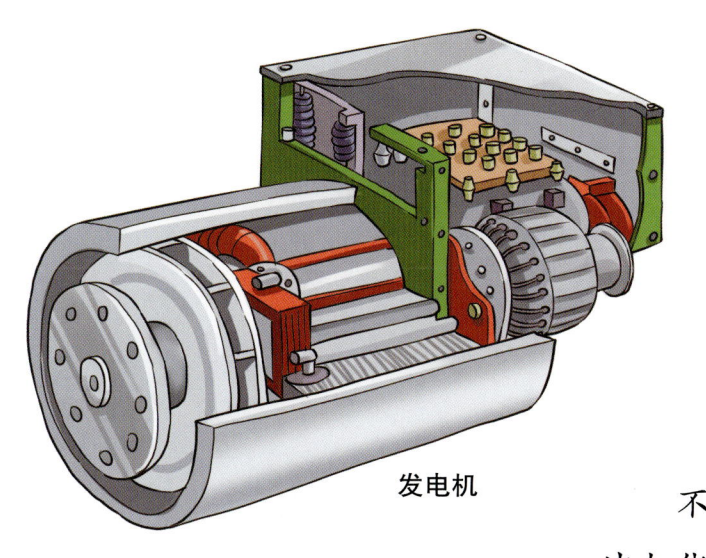

发电机

"那电是怎么来的呢？是像自来水那样从高压线里流到咱们家里吗？"浩浩奇怪地问。

"有点像，但不一样。"爸爸说，"电是一种能量，它不是凭空产生的，而是由其它能量比如化学能、热能、机械能、原子能等转换来的。"

"这些是什么意思啊，我听不懂呢……"浩浩挠着头说。

"这样说吧，电能使电动机动起来，而电动机的运转也能产生电力。当电动机被用来发电时，叫作发电机。有了发电机，人们就能够把其他不同形式的能量转化成电能了。目前最主要的发电方式有5种：火力发电、水力发电、核能发电、风力发电和太阳能发电。"

看着浩浩似懂非懂的样子，爸爸决定详细地给他讲一讲电的知识。

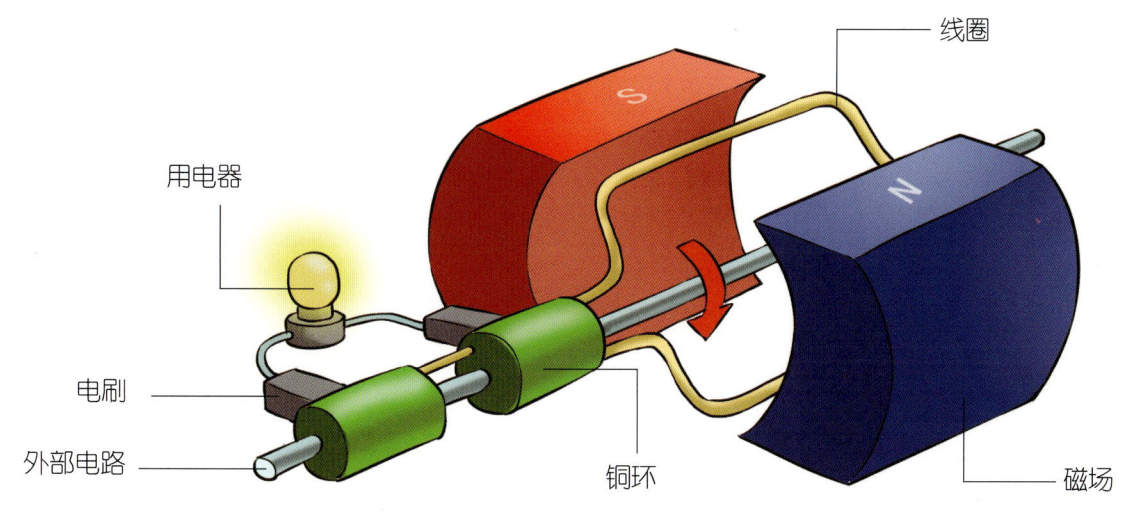

发电机结构图

火力发电

利用石油、煤炭和天然气等燃料燃烧时产生的热能将水加热,产生高温高压的水蒸气,再由水蒸气推动发电机发电。

以煤、石油、天然气作为燃料的发电厂统称为火力发电厂。

火力发电效率很高,能为人类提供大量稳定的电能,但是这种发电方式对地球自然能源消耗很大,而且燃烧后产生的物质会对地球环境造成污染。

核能发电

利用核反应堆产生的热能发电,跟火力发电类似。

优点

用很少的核物质就能产生很大的热量,并且不会造成空气污染。核燃料储存和运输都很方便。

缺点

生产难度大,有放射物泄漏危险,会留下核废料。

放射性物质危害

放射性物质的原子核很不稳定,能自发地放出射线。生物受到这些射线的照射,随着射线剂量增大,会随机出现某些有害效应,如生物生病、遗传变异等。

福岛核泄漏事故

日本福岛核电站是目前全世界最大的核电站,由福岛一站、福岛二站组成。2011年3月12日,日本宣布福岛一站因受地震影响发生爆炸,导致核物质泄漏,大量居民被疏散。

> 放射性物质对环境和人体都有一定危害。

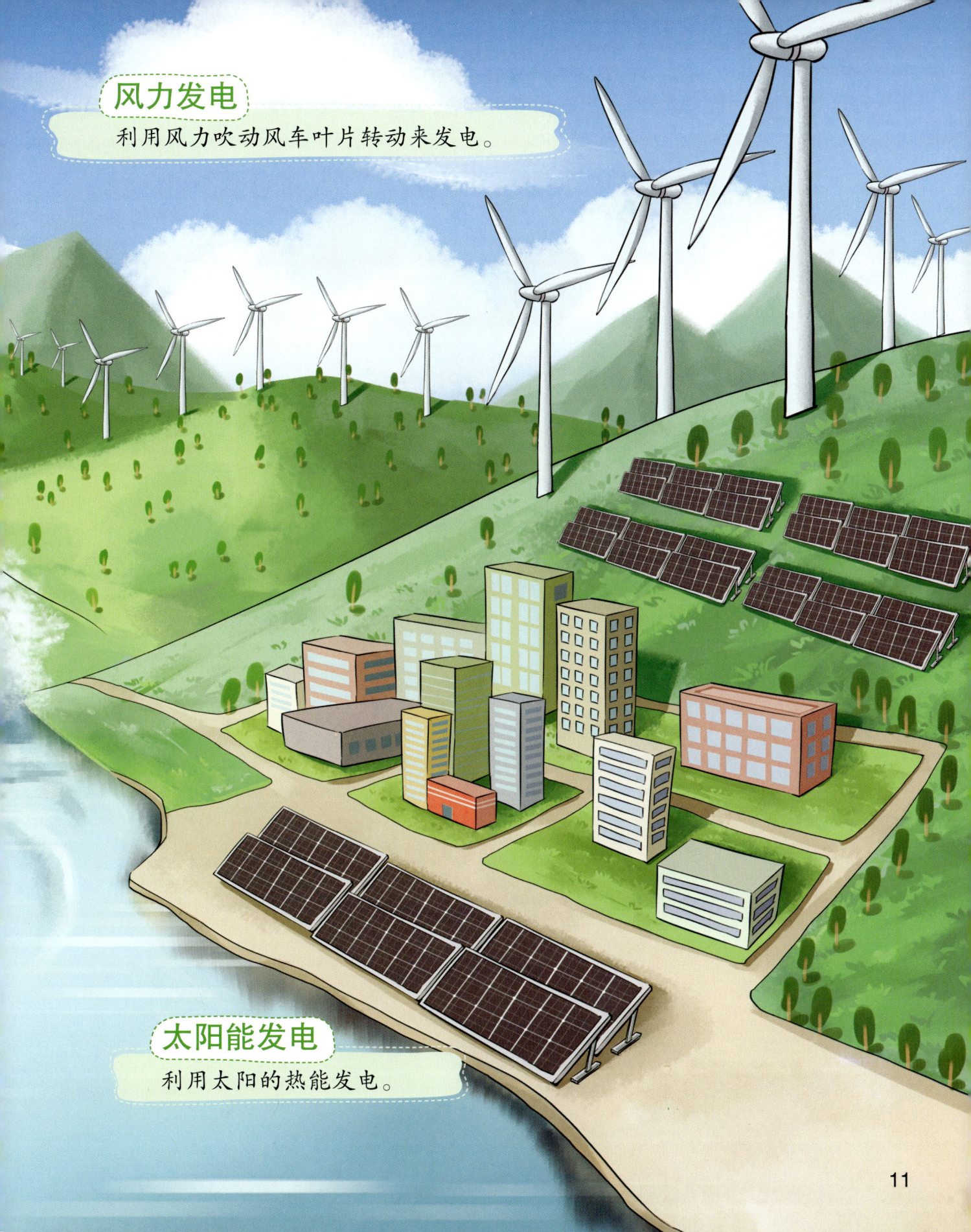

"电流从发电站来到人们家里,一路上要走很远很远的'路',在传输过程中会损失一些能量。"爸爸说,"为了让电流走得更远,发电厂生产出来的电要在变电站'升压',把电量变得很大很大;快要到达居民区、学校、办公楼、工厂等地方时,再经过变电站'降压',把电量大小变得适合人们使用。"

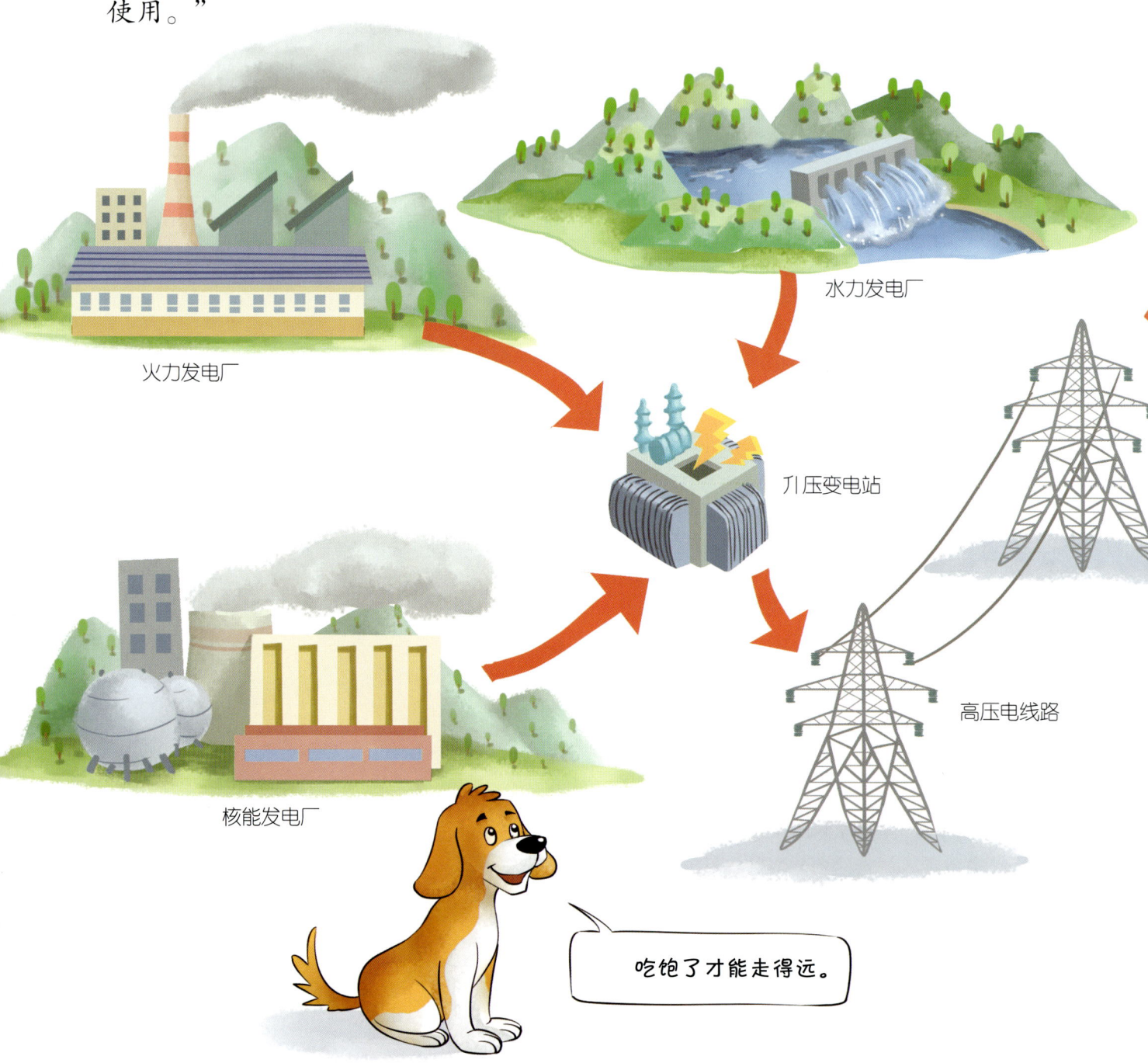

火力发电厂

水力发电厂

核能发电厂

升压变电站

高压电线路

吃饱了才能走得远。

发电厂发出的高压电高达几万甚至几十万伏特,输送到居民家里使用时则变成了220伏特(有些国家、地区为110伏特)。

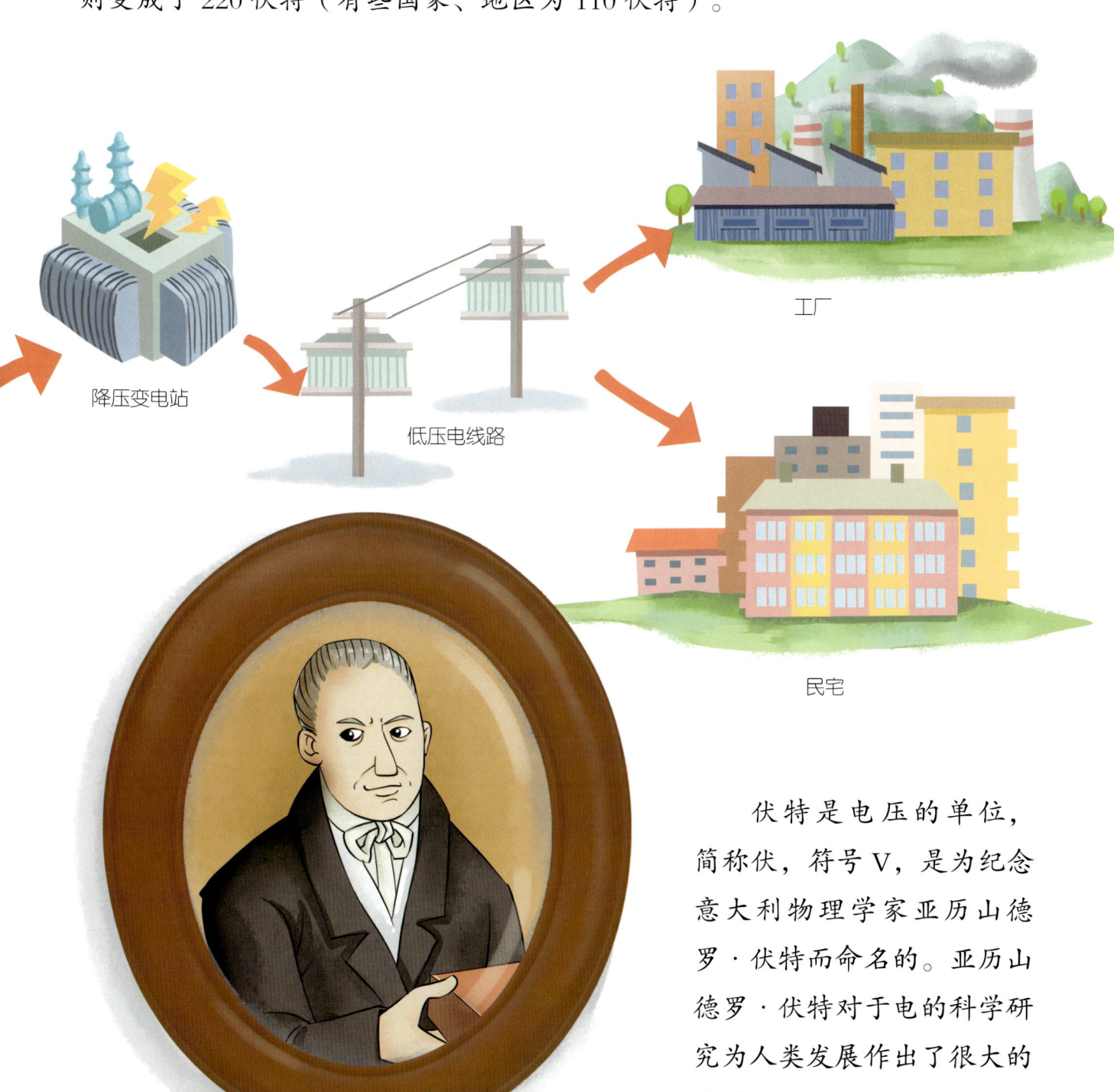

降压变电站

低压电线路

工厂

民宅

亚历山德罗·伏特

伏特是电压的单位,简称伏,符号V,是为纪念意大利物理学家亚历山德罗·伏特而命名的。亚历山德罗·伏特对于电的科学研究为人类发展作出了很大的贡献。

天色渐渐暗了下来，爸爸带着浩浩回家了。一开门，浩浩就迫不及待地按下了电灯开关，房间瞬间亮了起来。

"爸爸，电灯是怎么亮起来的呢？"

"嗯，这是个物理问题。"爸爸说，"你看，家里的屋顶和墙壁里都埋有电线。电线连接电灯和开关，就形成了一个电回路。拨动开关，电回路便接通了，当电流通过灯泡的时候，灯就亮起来了。"

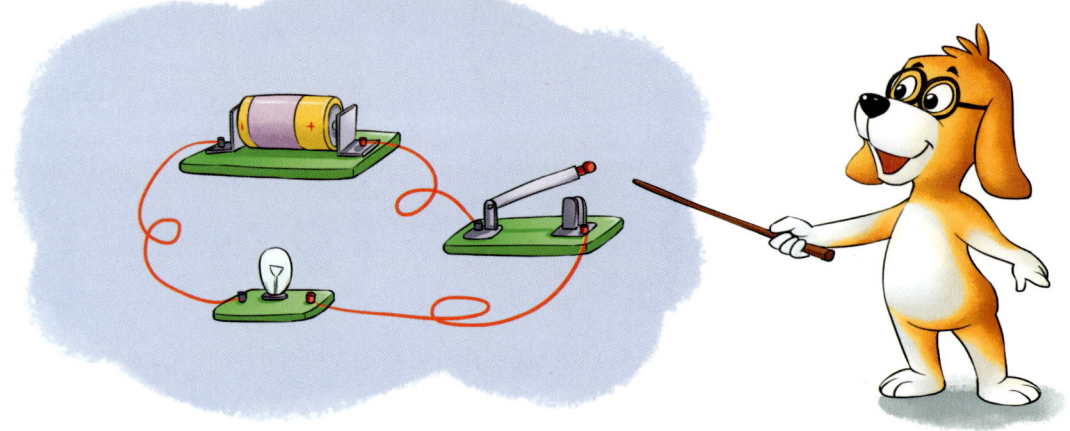

"为什么拨动开关就会有电流呢?"浩浩奇怪地问。

"这个问题可有点复杂。"爸爸说,"简单来说,是电子的运动产生了电流。"

"电线里面有金属线,金属线里有无数肉眼看不出来的小颗粒,它们是金属原子。这些原子里包含更小的质子和电子。质子非常乖,总是待在原子里不动;可电子却是个调皮鬼,喜欢跑来跑去。接通开关后,电子会不停地从一个原子跳到另一个原子里,金属线里就会形成电流。"

电流运动方向与电子运动方向相反。

铜线导电率高,延展性好,是最好的电线材料。

"电的用处很大,如果没有电,人类就不会有现在这么先进的生活。"爸爸说。
"嗯,这个我懂,有了电才有电视看呀!"浩浩调皮地说。

"不过,在为人们带来便利的同时,如果使用不当,电也会给人们带来危险。"

导体与绝缘体

容易传导电流的物质被称作导体,如金属、液体、石墨等,人体也能导电。
不容易导电的物质叫作绝缘体,如橡胶、塑料、陶瓷、玻璃、干燥的木头等。

安全用电

不要用湿手触碰电源、插座等,也不能用湿手去插电源插头;

不要乱插、私接电源,不要因为好奇而把插座当玩具;

不要用导体接触电源,也不要用湿毛巾擦拭电器;

注意观察家里的电器、插头、插座、电线等是否有破损、老化现象,及时告诉家长,防止安全隐患。

"作为一种能源,人类使用的电大部分是靠消耗其他自然资源而得到的。因此,人类在享受电力带来的舒适方便之余,更要珍惜电力,节约用电。"

"我知道,学校也讲过节约用电,要养成随手关灯的习惯,电器不用时要拔掉插头……"

浩浩跟爸爸一起制作了一张"节约用电倡议书",打算贴在墙上,时刻提醒家人要珍惜电资源。

小朋友,这些节约用电的知识,你也一定要记牢哟!

倡议书

1. 随手关灯。

2. 多用节能灯。

3. 家用电器不用时及时关闭电源开关。

4. 减少电冰箱开门次数,及时清除冰箱内壁霜。

5. 合理设置空调温度。

6. 适当调节电视、电脑的亮度和音响的音量大小。

……

除了是人类必不可少的能源，电其实还是一种自然现象。干燥季节脱毛衣时产生的静电、在雷雨天看到的闪电都是电。

雷雨天注意安全

不要待在室外，尤其是高耸的物体下面。

尽量不要使用手机或无线电收音机。

避雷针

城市高层建筑物的楼顶上都安装有避雷针，避雷针可以把雷电导入地下，保护建筑物的安全。

科学小实验 --- 静电

准备材料：塑料尺子、化纤布料、纸巾。

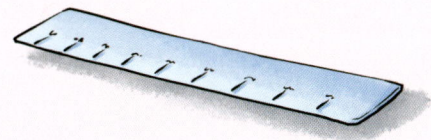 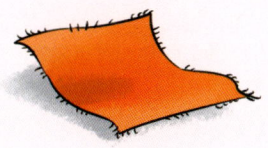 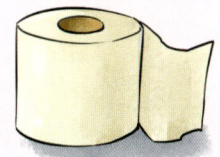

步骤：一、把纸巾撕成尽可能小的碎块、碎屑。

二、将塑料尺子按在化纤布料上反复摩擦。

 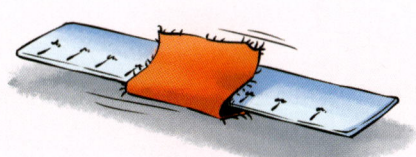

三、用摩擦过的尺子接近纸巾碎屑，碎屑会因静电作用被吸附到尺子上。

试试看，除了纸巾碎屑，摩擦过的尺子还能吸引什么东西？把它们写在的横线上吧：

图书在版编目(CIP)数据

电是什么 / 恐龙小Q儿童教育中心编. -- 北京：五洲传播出版社，2017.8
（走进奇妙的科学）
ISBN 978-7-5085-3679-8

Ⅰ.①电… Ⅱ.①恐… Ⅲ.①电 - 儿童读物 Ⅳ.①O441.1-49

中国版本图书馆CIP数据核字(2017)第139082号

电是什么

编　　著	恐龙小Q儿童教育中心
责任编辑	黄金敏
出版发行	五洲传播出版社
地　　址	北京市海淀区北三环中路31号生产力大楼B座6层
邮政编码	100088
电　　话	010-82005927　82007837（发行部）
网　　址	http://www.cicc.org.cn
印　　刷	小森印刷（北京）有限公司
开　　本	889mm×1194mm　1/16
印　　张	12
字　　数	15千
版　　次	2017年8月第1版
印　　次	2018年6月第3次印刷
定　　价	96.00元（全8册）

恐龙小Q

走进奇妙的科学

二十四节气

恐龙小Q儿童教育中心 编

五洲传播出版社

周六早饭后,娜娜正忙着写作业,爸爸坐在沙发上一边喝茶一边看报纸。

"哟,二十四节气被正式列为世界非物质文化遗产啦!真不错。"爸爸突然激动地说。

"什么是二十四节气?"娜娜扭过头问道,不明白爸爸为什么这么激动。

"这个嘛,说来话长。"爸爸放下报纸,想了想说道,"你有没有注意过,在一年四季的变化中,白天和黑夜的时间并不总是一样长的。比如夏天的早上天亮得很早,一直到晚上七八点天还不是很黑;而冬天的早上起床时常常天还没亮,放学后没多久天就黑了。而且,阳光下的影子也有类似的变化规律,不同的季节,影子的长短也有区别。"

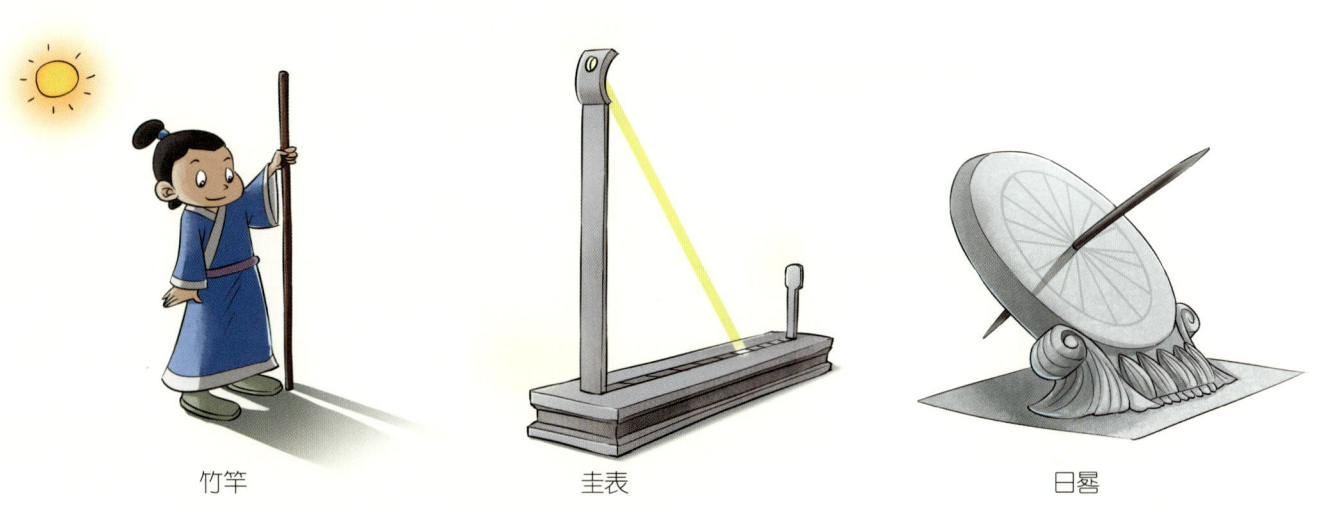

竹竿　　　　　　圭表　　　　　　日晷

古人用直立的竹竿、圭表、日晷等观测不同时间太阳照射下影子的长短。

"好像是……"娜娜点点头。

"这些都是地球公转造成的自然现象。早在两千多年前,我国古人就发现了这些规律,并经过长期的观察和摸索总结出了一套适用于农耕的气候规律,这便是二十四节气。"

看着娜娜似懂非懂的样子，爸爸走到她身边，拿起铅笔在纸上画了起来。

"假设这是一张披萨，咱们在披萨中央放一个削笔器当作太阳，在披萨边上放一块橡皮当作地球，让橡皮沿着披萨边走一圈，就相当于地球绕太阳运行一周的轨道，然后把披萨平均切成24角，每一角就是一个节气。"爸爸耐心解释着，"二十四节气不仅反映了天文现象，还包含了其他信息，比如雨水、大暑、大雪等是表示气象状况的；而惊蛰、小满、芒种等则是表示物候信息的……我一个一个讲给你听吧！"

立春

时间点：2月3-5日

二十四节气中的第一个节气是"立春"，这里的"立"是开始的意思。

立春之后，东风送暖，大地开始解冻，蛰居的虫类慢慢在洞中苏醒，河里的冰也逐渐消融，鱼儿可以浮上水面透气了。

虽然立春代表着春天来了，但这时候的气温还比较低。

立春当天各地都有不同的习俗，咱们北方人一般是吃春饼。

哦，我知道，我爱吃春饼卷土豆丝和炒豆芽！

可以卷鱼吗？

雨水

时间点：2月18-20日

从雨水开始，全国很多地方气温都回升到0℃以上了。

有些地方开始下雨，雨量会逐渐增加。

在南方度过了一个冬天的大雁即将飞回北方。

柳树等草木也开始萌动发芽。

好雨知时节，
当春乃发生；
随风潜入夜，
润物细无声。
——杜甫《春夜喜雨》

惊蛰

时间点：3月5-6日

蛰是"藏"的意思。惊蛰后气温有所回升，空气湿度增加，地面的暖湿空气和高空的冷空气交汇便会形成雷电。而此时因为气温适宜，蛰伏冬眠的动物也要开始苏醒、活动了。古人将春雷滚滚与冬眠动物苏醒联系到一起，便认为是雷声惊醒了冬眠的动物。

- 惊蛰前后有个节日——二月二龙抬头。
- 我知道,这天大人小孩都要理发!
- 龙抬头跟人有什么关系?

古人认为是龙在掌管雨水,于是便有了"二月二龙抬头"的说法,祈求在这个时候能多下一点雨,为春耕做好准备。

时间点:3月20-21日

春分的"分"是平分的意思。俗话说"春分秋分,昼夜平分",在春分和秋分这两个节气当天,白天和夜晚是一样长的。

春分时节,我国大半地区都开始逐渐进入明媚的春天,杨柳青青、莺飞草长,春耕、春种即将进入繁忙阶段,此时也是植树造林的好时机。

时间点：4月5-6日

清明对农业来说是一个重要的节气，民间流传"清明前后，种瓜点豆"的谚语。到了清明，气温变暖、降雨增多，是开始耕地、准备播种的好时机。

清明之后大地回春、气候宜人，人们喜欢在这个时候外出郊游，并称之为"踏青"。

清明最早只是一种节气，后来变成了人们扫墓、纪念祖先的节日，这主要与"寒食节"有关。相传晋文公为了纪念一位被火烧死的大臣而设立了寒食节，期间人们不能生火，只能吃冷食，后来把寒食节最后一天定为清明节，用以祭祖、扫墓。

时间点：4月20-21日

谷雨是春天最后一个节气，有"雨生百谷"的意思。

谷雨节气的到来意味着寒潮天气基本结束，气温回升加快，非常有利于谷类农作物的生长。

从谷雨开始，玉米、黄豆、花生、红薯等农作物都可以播种了。

立夏

时间点：5月5-6日

立夏是夏季的开始，天气逐渐变得炎热，雷雨增多，农作物开始进入生长旺季。

所谓"南国似暑北国春"，立夏时节，我国南方部分地区的气温已是夏季，而东北和西北有些地区气温仅相当于春季。

> 我国幅员辽阔，气候差异很大。二十四节气主要反映了中原黄河流域的气候特征。

小满

时间点：5月20-22日

小满后我国南北温差逐渐缩小，雨水逐渐增多。

小满时节植物长势旺盛，各种动物也到了生长繁育期。桑蚕开始结茧，荷塘里荷花欲开、青蛙跳跃、蜻蜓飞舞、鱼儿游动，到处是生机勃勃的景象。

俗话说"小满小满，麦粒渐满"，此时我国北方地区的小麦等作物籽粒已开始饱满，但还没有成熟。

泉眼无声惜细流,树阴照水爱晴柔;
小荷才露尖尖角,早有蜻蜓立上头。——杨万里《小池》

芒种

时间点：6月5-7日

芒种的"芒"字说的是麦芒，就是麦粒顶端伸出来的长长细细的芒。芒种的字面意思是"有芒的麦子快收，有芒的稻子可种"。

芒种一到，夏熟作物要收获，夏播秋收作物要播种，春种的庄稼还要及时管理……农民进入了一年中最忙的季节。

🍃 **端午节**

 芒种之后是夏至，端午节正好在这两个节气之间。

 我爱吃豆沙粽子！

要是有小鱼干馅儿的粽子就好了……

🍃 **梅雨**

芒种时节雨量充沛，气温显著升高，随着梅子成熟，我国长江中、下游地区开始进入"梅雨"季节。"梅雨"也叫"霉雨"，期间空气潮湿、天气闷热，物品很容易发霉。

夏至

时间点：6月21-22日

夏至的至是"最"的意思。

夏至这天，北半球太阳直射地面的位置到达一年的最北端，正午太阳高度达到全年最高，白昼时间达到全年最长。在北方地区，夏至日白昼可长达15小时。

夏至时节，我国大部分地区气温都较高，日照充足，农作物生长很快。

俗话说"冬至饺子夏至面"，夏至当天很多地区都要吃过水面。

小暑

时间点：7月7-8日

暑是炎热的意思，小暑表示气候开始变得炎热，但还不是最热。小暑前后，我国南方大部分地区进入雷暴最多的季节。

从小暑开始，气候进入人们俗称的"伏天"，天气会变得越来越热。伏天也叫暑伏，分为头伏、二伏、三伏三个阶段。

俗话说"头伏饺子二伏面"，我国很多地区有入伏吃饺子的习惯。

三伏贴敷：每年夏天都会有人在医院排队贴"三伏贴"，分别在头伏、中伏、末伏于固定穴位上贴敷药膏，能起到防治肺部疾病的作用。

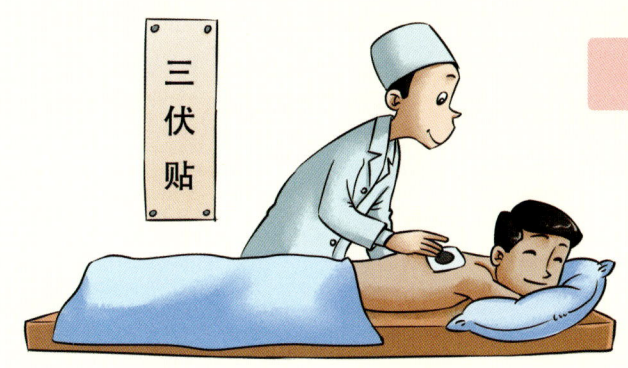

每年这个时候就要放暑假啦！

大暑

时间点：7月22-24日

大暑节气正值中伏前后，是我国一年中日照最多、气温最高的时期，许多地区的气温达35℃以上。此时雷阵雨多发，旱、涝、风灾等各种气象灾害也最为频繁。

大暑期间的高温是正常的气候现象，此时，如果没有充足的光照，喜温的水稻、棉花等农作物生长就会受到影响。

知了不停地叫，天热得我都吃不下饭了……

立秋

时间点：8月7-9日

我爱立秋，我爱吃肉！

举爪！我也爱吃肉！

立秋是秋天的第一个节气，预示着秋天来了，天气将开始由热转凉。但实际上立秋前后我国大部分地区气温仍然较高，不过刮风的时候人们已经能感觉到丝丝凉爽了。

立秋时人们有"贴秋膘"的习俗，就是在立秋这天吃红烧肉、炖肘子等肉食，以补偿在炎热的夏季里因食欲不振导致的体重下降。

时间点：8月22-24日

"处"含有躲藏、终止的意思，处暑表示炎热暑天结束了。

处暑以后，我国长江以北地区气温逐渐下降，除华南和西南地区外，大部分地区雨季即将结束，降水逐渐减少，水稻成熟收割。

刚刚感受一丝秋凉的人们有时会在处暑尾声再次感受到高温天气，这种现象被称为"秋老虎"。

时间点：9月7-9日

白露之后，天气逐渐转凉，昼夜温差变大，凉爽的秋天正式来临。

由于温度降低，水汽容易在地面物体上凝结成水珠，人们便会在清晨时分发现植物叶子上有许多露珠，白露因此得名。

俗话说"草上露水凝，天气一定晴"，如果早上看到小草上凝结着露水，当天的天气肯定是大晴天。

爸爸懂的真多。

秋分

时间点：9月22-23日

秋分时节，我国大部分地区都已进入凉爽的秋季。太阳在秋分这天是直射地球赤道的，所以秋分当天南北半球昼夜平分，白天和夜晚各长12小时。

俗话说"一场秋雨一场寒"，虽然秋分后雨量不大，但每下一次雨，气温都会明显降低一些。

🍃 中秋节

农历八月十五是中国四大传统节日之一的中秋节。俗话说"月圆人团圆"，人们在中秋节这天阖家团圆，一起赏月、吃月饼、饮桂花酒……祈盼丰收、幸福，寄托思乡、思念亲人之情。

春节、清明节、端午节、中秋节是我国传统的四大节日。

为什么没有儿童节？

因为六一是国际儿童节，并不是中华传统节日。

寒露

时间点：10月8-9日

与白露相比，寒露时气温更低，地面的露水冷得快要凝结成霜，却又还未凝结，说明气候正从凉爽向寒冷过渡。

此时正逢九九重阳节，趁着秋高气爽，人们纷纷登高望远，积极锻炼身体。

重阳节也叫"老人节"，是提倡尊老敬老的节日。

霜降

时间点：10月23-24日

霜降是秋季的最后一个节气。

霜降时节夜晚气温显著降低，使得空气中的水蒸气在地面或植物上凝结形成白霜，这是大自然在提醒我们，冬天快要来了。

霜降是观赏枫叶的最好时节。

远上寒山石径斜，白云深处有人家；
停车坐爱枫林晚，霜叶红于二月花。——杜牧《山行》

立冬

时间点：11月7-8日

立冬是冬天的第一个节气，天气越来越冷，冬天来了，北方许多地方已是风干物燥、万物凋零、寒气袭人。

立冬与立春、立夏、立秋合称四立，在古代是重要的节日。

立冬别忘了吃饺子哦！

人类过节总爱吃饺子……

时间点：11月22-23日

小雪和大雪都是反映天气状况的节气。

小雪时节，寒潮和冷空气活动频繁，我国北方大部分地区气温逐步降到0℃以下，常会出现入冬的第一场降雪，但一般雪量较小，而且很容易融化。

从小雪到大雪，降雪的几率越来越大，雪量也越来越多，地面会开始积雪，但全国的降水量仍在逐步减少，气候比较干燥。

时间点：12月7-8日

人们常说"瑞雪兆丰年"，这是因为积雪的覆盖能为地面保温，帮助冬小麦等农作物顺利越冬；等大地回春时，融化的积雪又能为土壤增加水分，保证农作物春季生长的需要。

比起普通雨水，雪水中所含的营养物质更多，更有利于农作物生长。

时间点：12月21-23日

冬至是二十四节气中最早制定出来的节气。

古人在冬至有祭天祭祖的习惯，有些地区现在还沿袭着这个习俗，但如今更多人把冬至当作一个传统节日来过。北方在冬至这天有宰羊、吃饺子等习俗；而南方则有吃汤圆、吃面等习惯。

冬至日是一年中白天时间最短的一天。过了冬至以后，北半球白天就会逐渐变长，夜晚逐渐变短，所以会有"吃了冬至面，一天长一线"的俗语。

怎么又是饺子……

冬至是"数九"的开始。从冬至当天开始数，每9天是一个"九"，一直数到"九九"，总共是81天。

《九九歌》
一九二九不出手，
三九四九冰上走，
五九六九沿河看柳，
七九河开，
八九燕来，
九九加一九，耕牛遍地走。

小 寒

时间点：1月5-7日

小寒的到来标志着一年中最寒冷的日子开始了。俗话说，"冷在三九"，多数情况下，"三九"恰好在小寒节气内。不过这只是一般规律，有时候大寒也可能会比小寒冷。

🌱 腊八节

小寒、大寒两个节气之间有个"腊八节"。在农历腊月初八这天，家家户户都要喝腊八粥，有些地方还会腌制腊八蒜。

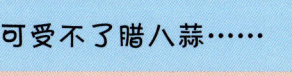
闻到腊八蒜的味道就感觉快过年了！

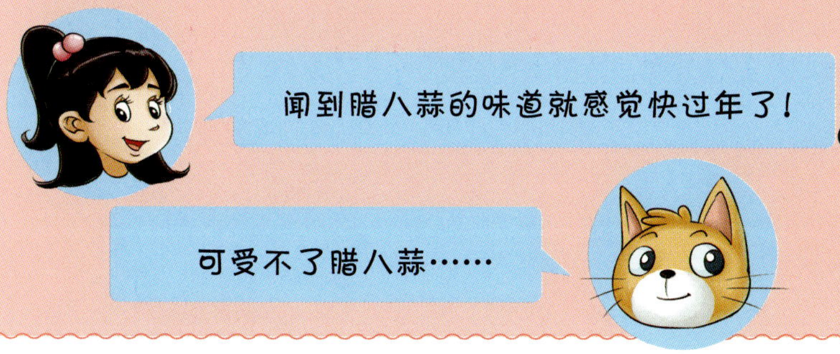

可受不了腊八蒜……

大寒

时间点：1月19–21日

大寒是全年二十四节气中的最后一个节气。同小寒一样，大寒也是表示天气寒冷程度的节气。大寒时节天气寒冷，容易出现大范围雨雪天气和大风降温。

虽然天气很冷，但人们却热情高涨——因为春节就要到了，家家户户都忙着除旧饰新、准备年货。

春节是中国民间最大的传统节日，下面这首广为流传的"过年歌"展现了部分地区过年的各种讲究：

小孩小孩你别馋，
过了腊八就是年。
腊八粥，喝几天，
哩哩啦啦二十三。
二十三，糖瓜粘；
二十四，扫房子；
二十五，冻豆腐；
二十六，去买肉；
二十七，杀公鸡；
二十八，把面发；
二十九，蒸馒头；
三十晚上熬一宿；
大年初一扭一扭！

过年真好啊,不但能放假、能吃到好吃的,还能领到压岁钱!

过年好是好,就是鞭炮声太吓人了……

"过了大寒又立春,即将迎来新一年的节气轮回,每年都是这样周而复始。"爸爸说完,摸了摸娜娜的头,"明白了吧?"

"现在是明白了。可是,二十四节气这么多,我根本记不住啊!"娜娜说。

"这个好办,为了方便记忆,人们总结了一套顺口溜,来,跟我学——"

春雨惊春清谷天,夏满芒夏暑相连。
秋处露秋寒霜降,冬雪雪冬小大寒。

春

夏

秋

冬

图书在版编目(CIP)数据

二十四节气 / 恐龙小Q儿童教育中心编. -- 北京 : 五洲传播出版社,
2017.8
（走进奇妙的科学）
ISBN 978-7-5085-3679-8

Ⅰ. ①二… Ⅱ. ①恐… Ⅲ. ①二十四节气 – 儿童读物 Ⅳ. ①P462-49

中国版本图书馆CIP数据核字(2017)第139089号

二十四节气

编　　著　　恐龙小Q儿童教育中心
责任编辑　　黄金敏
出版发行　　五洲传播出版社
地　　址　　北京市海淀区北三环中路31号生产力大楼B座6层
邮政编码　　100088
电　　话　　010-82005927　82007837（发行部）
网　　址　　http://www.cicc.org.cn
印　　刷　　小森印刷（北京）有限公司
开　　本　　889mm×1194mm　1/16
印　　张　　12
字　　数　　15千
版　　次　　2017年8月第1版
印　　次　　2018年6月第3次印刷
定　　价　　96.00元（全8册）

走进奇妙的科学

自来水从哪来

恐龙小Q儿童教育中心 编

五洲传播出版社

古里古怪星球有一所叽里呱啦小学,小外星人咔嚓咔嚓就在这里上学。

"小怪兽们,今天的任务是做一份关于外星资源的调查,至于具体要调查什么,大家可以自己决定哦!"呼噜呼噜老师说完便宣布下课。

"叽咕叽咕!"咔嚓咔嚓的宠物从书包里探出头来,没错,它的名字就叫叽咕叽咕。

选哪个星球呢？咔嚓咔嚓把叽咕叽咕塞回书包里，飞快地跑到学校的研究室——那里的望远镜一台比一台大，咔嚓咔嚓把最大的那台指向天空，不停地寻找着。

"哇，那个美丽的蓝色星球是哪里？我看看，是地球吧？爸爸说过，地球上有一种别的星球很少见的东西——水。叽咕叽咕，咱们一起去地球吧！我要做一个关于地球水资源的调查，这个课题简直棒极了！"

水是什么？好吃吗？

地球是太阳系已知的唯一在表面拥有液态水的行星，高达71%的表面都被水覆盖着，使得地球在太空看起来呈现美丽的蔚蓝色。

咔嚓咔嚓慌慌张张地收拾了一些东西，匆匆忙忙地驾驶着自己的小飞碟出发了。

飞碟跑得飞快，要是遇上太空交警，一定会判他超速！才十分钟不到，飞碟就"嗖"地一下穿过地球大气层，"咚"地一声扎进了一种奇妙的液体里。

慢点，我晕碟……

"看这美丽的液体,这一定就是水!"咔嚓咔嚓兴奋地说。他立即操纵飞碟伸出机械臂,用试管取了一些样本。

"叽咕叽咕!"

"什么?你说它看起来很好喝吗?我也这么想的!"咔嚓咔嚓边说边尝了一小口,"呸呸呸!又苦又咸……没想到水竟然是这样的,地球生物还要天天喝,真是太可怜了……"

还好我没喝……

"喂！你这个外星生物，不懂就不要乱说。"一个小小的声音响起，咔嚓咔嚓找了半天，在飞碟操纵杆上找到了一个小小的水滴人。水滴人清清嗓子，像个科学博士一样说："地球上的水不仅多，而且还多种多样。你刚才喝的是海水，当然又苦又咸了！"

海水的咸味来自于溶解在海中的无机盐，最常见的无机盐就是我们平时吃的食盐——氯化钠。

这家伙（水滴人）不像地球生物呀？！

"你看外面那些鱼,它们是大马哈鱼,现在正是它们的产卵季,咱们跟着它们就能去到淡水里,淡水的味道就要好多啦!"

大马哈鱼出生在江河淡水中,却在太平洋的海水中生长,长大后又游回出生地产卵。

咔嚓咔嚓往窗外一看,果然有成群结队的大马哈鱼正争先恐后地朝着一个方向游,他赶紧驾驶飞碟跟了上去。

飞碟沿着大马哈鱼游的方向快速前进,很快就看到了陆地。

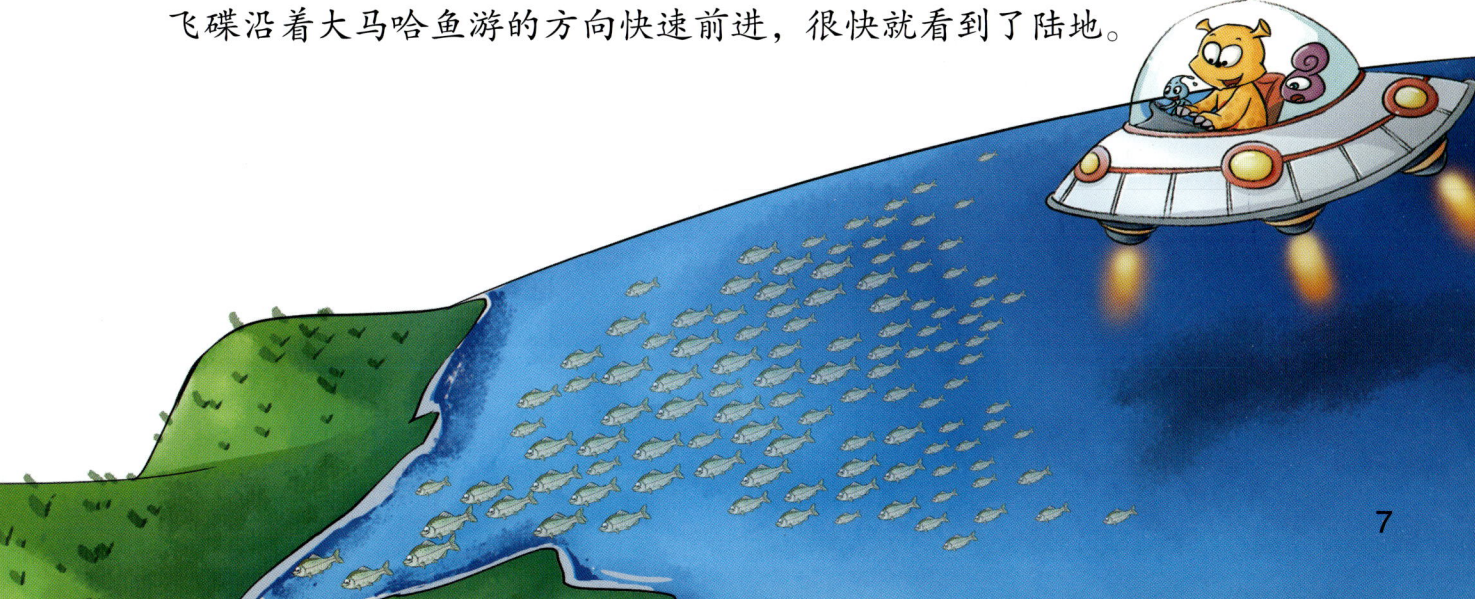

"现在我们已经离开大海,进入河道了,这里的水就是淡水。"水滴人不紧不慢地说。

水滴人刚说完,咔嚓咔嚓就迫不及待地从河水中取了样并喝了一口:"确实不错!"

含盐很少的水被称为淡水,溪水、河水、湖水、井水、雨水都是淡水。海水含盐很多,有咸味,所以叫咸水。

"不过,大多数人类可不会像你这样直接喝河水哟,因为里面含有很多杂质、病菌和微生物!"水滴人窃笑着说。

"什么?!怎么不早说,呸呸呸……"咔嚓咔嚓吐吐舌头,皱起了眉头,"那人类喝的水是什么样子呀?"

"别急,听我慢慢跟你说。"

"很久很久以前,人类跟其他动物一样直接喝湖里、河里的水。后来,人们发现泉水比较干净,就慢慢改为打井取水了。不过,井水里面还是有很多微生物和细菌,经常有人因为喝了被细菌污染的水而生病。再后来,人类学会了给水净化、消毒,再把消毒后的水通过大大小小的管道送到各家各户,'自来水'就此诞生啦!现在,自来水可是人类最主要的取水方式哦!"

水是生命之源。人类身体大约三分之二是由水组成的。人可以一周不进食,却不能一天离开水。

"海水也能变成自来水吗？"咔嚓咔嚓问。

"能，但是花费很高，只有少数淡水资源贫乏的地区这么做，大部分自来水都是经过处理的淡水。"

自来水的水源主要来自于江、河、湖泊、地下水等淡水资源。

"那人类是怎样把水净化、消毒的呢？是用魔法吗？"咔嚓咔嚓问。

"当然不是，自来水是自来水厂制造出来的！"水滴人说，"这样吧，这附近就有一座大型自来水厂，咱们去参观参观！"

在水滴人的指引下，咔嚓咔嚓驾驶飞碟离开了河道，沿着一条支流不断前进，最后到达一个大大的水库——一座规模宏大的自来水厂就坐落在水库边上。

"看那里，"水滴人指着不远处说，"那两根巨大的管子就是自来水厂用来取水的。你不是想知道自来水是怎么制造出来的吗？敢不敢跟我从这个管道进到自来水厂去看一看？"

"当然敢！我胆子可是很大的。"咔嚓咔嚓兴奋地驾驶着飞碟潜入水里，朝着取水管的方向前进，刚接近取水管，飞碟就被强大的吸力吸了进去。

管道内一片漆黑，一阵兜兜转转、天旋地转之后，飞碟被冲到了一个大水池里，有什么东西正被加入水里，咔嚓咔嚓和叽咕叽咕还没来得及反应，飞碟就被冲入了另外一个水池中。

"快看，水里这些东西是什么？"咔嚓咔嚓大叫起来。

"哈哈!别害怕,这里是沉淀池。自来水厂的工人往水里加了一种叫'絮凝剂'的化学物质,这种物质可以把水里的泥沙、灰尘吸到一起变成你看到的这些絮状物,然后沉到水底,河水就变清澈啦!"

注意,看起来清澈透明的水并不一定能喝,里面还可能含有一些杂质、微生物等有害身体健康的东西!

水滴人话音刚落，飞碟又跟着变清澈的水流进入了另一个管道。好在这次的管道不长，水流速度也不快，飞碟轻松平稳地到达了又一个水池。

"这里是过滤池——用砾石、沙子等物质过滤、吸附水中的杂质。"水滴人说，"哎呀，连杂质都过滤了，咱们肯定也被拒之门外了。这可怎么办呀？"

"别担心，我的飞碟能变大、缩小，只要按住这个按钮，就能持续变小，一直变到你满意为止。"咔嚓咔嚓吐吐舌头，边说边按下了按钮。

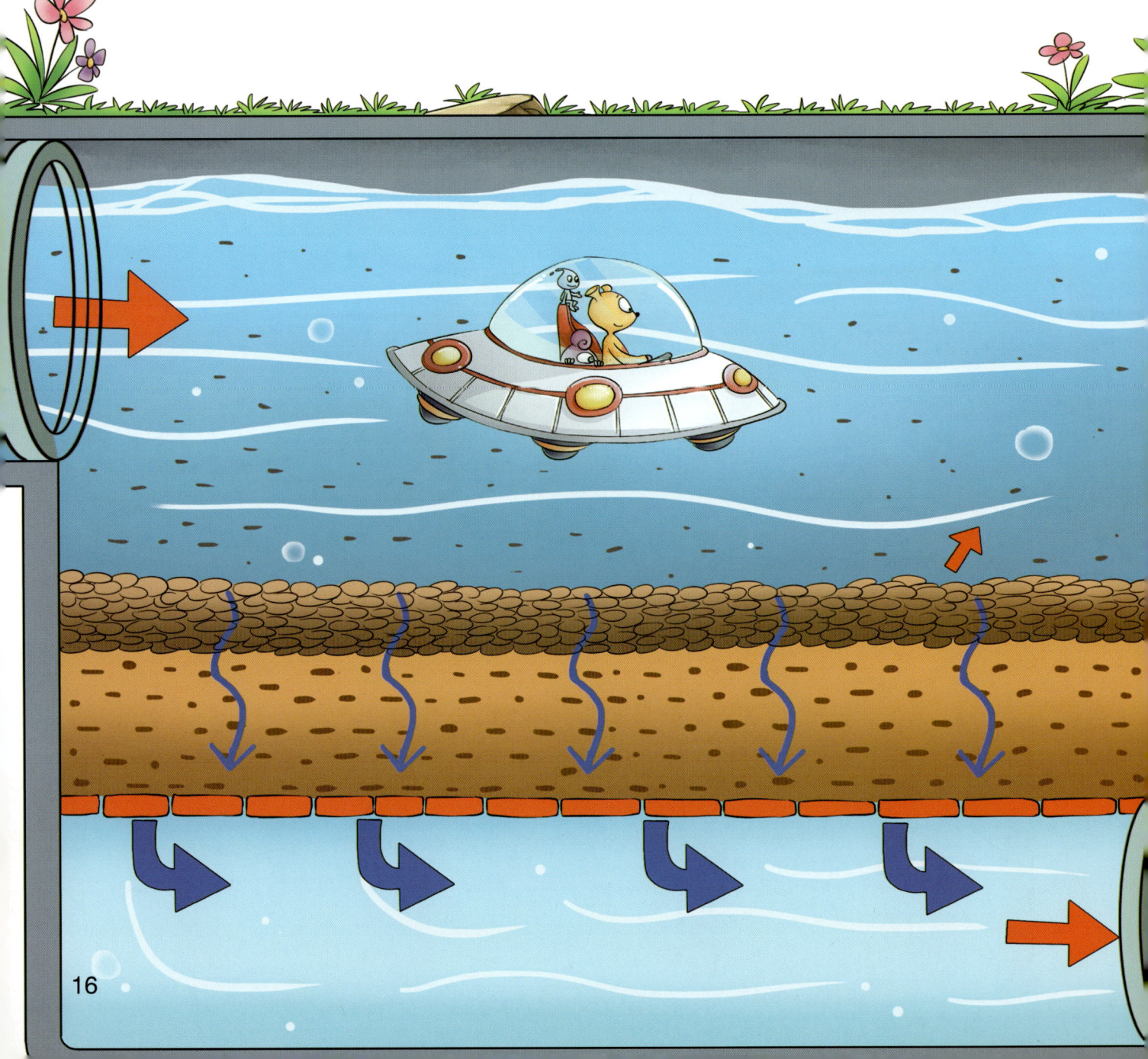

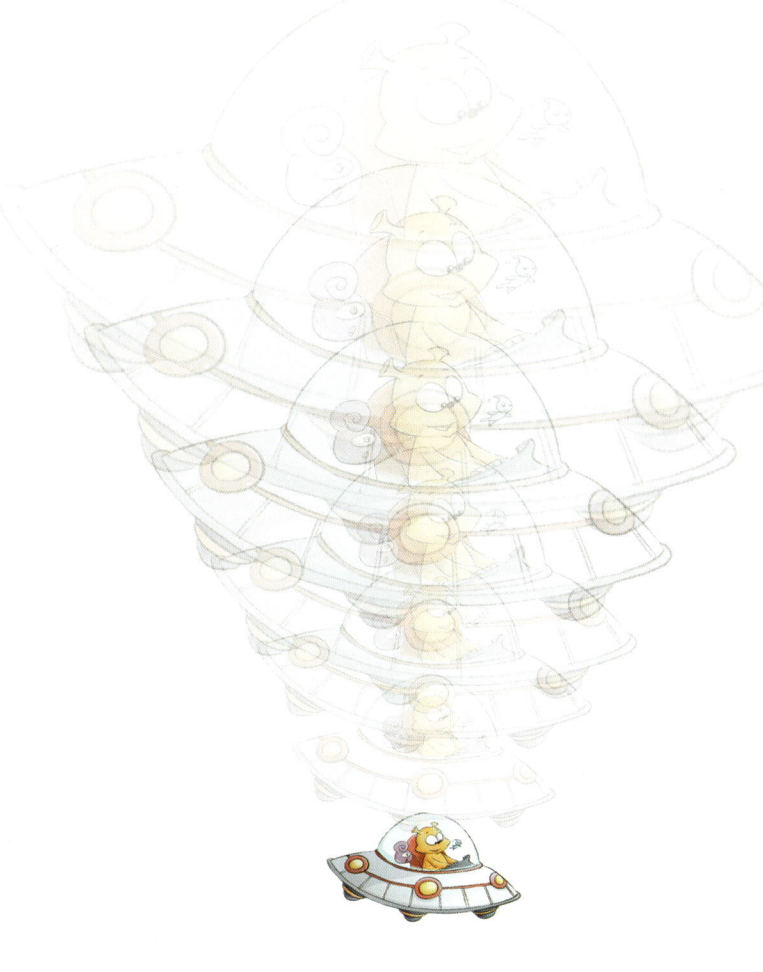

"咦?真的在不断缩小呀!"水滴人惊叹道。

但是,变小后的飞碟在沙子和砾石中跌跌撞撞,却还是不能通过过滤层。

"再小点,再小点!"水滴人喊道。

"已经缩到最小了。"咔嚓咔嚓摊着手无奈地说道。

哎哟!我的脑袋!我的屁股!

没办法，飞碟被当作水里的杂质过滤掉了，咔嚓咔嚓只好另寻出口——飞碟从过滤池飞了出去，又一头栽进了下一个大水池中。

"天哪，这是过滤后的水吗？那些可怕的东西是什么？！"咔嚓咔嚓忽然指着窗外大叫起来。

"哦，你不是胆子很大吗？怎么这么大惊小怪，不过是些细菌和微生物，因为你的飞碟缩小了才会看到它们。"水滴人冲咔嚓咔嚓翻了个白眼，说道，"过滤后的水虽然没有什么杂质了，但可能还含有致病的细菌。一会儿工人把一种叫作氯的化学物质加进来给水消毒时，这些细菌和微生物就会被杀死了。然后，干干净净的自来水就制作完成啦！"

"我可不想再看到它们！"咔嚓咔嚓赶紧把飞碟调回了原来的大小。

氯有一股特殊的气味,分别倒一杯矿泉水和一杯自来水,闻一闻就能辨别出它们在气味上的区别。

"制造好的自来水会被储存在储水罐或清水池里,再被压入自来水管道,经过长长的管道进入人类家中。"水滴人正说着,飞碟已经经过了清水池、配水泵,随着水流进入自来水管道了。

自来水管道多是由水泥、金属或塑料制成的。

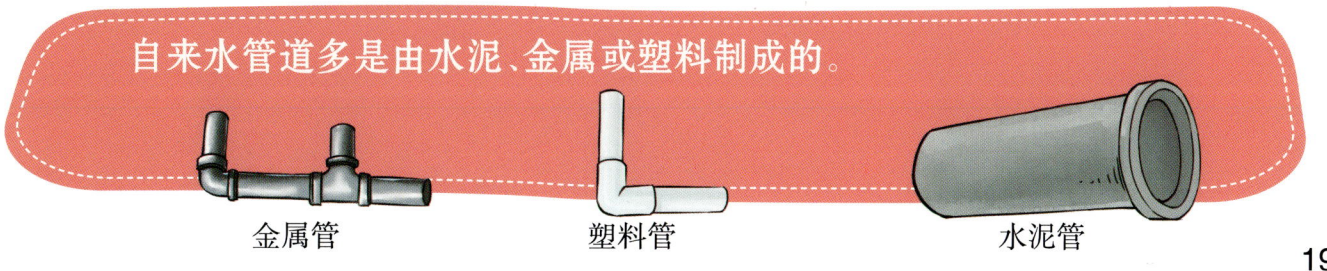

金属管　　　　塑料管　　　　水泥管

黑暗中的自来水管道里,水流速度很快,又经过一个水泵之后,管道忽然变细,咔嚓咔嚓赶紧把已经变大的飞碟又调小了点。

突然一道亮光,飞碟瞬间掉入了一个巨大、白色的"池子"里。

"看,我们就是从上面的水龙头里出来的!"水滴人指着上边说,"如果我没猜错的话,这个大白池子应该是人类的浴缸!"

　　水滴人说得一点不错，一个小男孩正把水龙头拧紧，紧接着一只巨大的脚迈了进来，然后小男孩整个人都进入了浴缸中。

　　一阵天翻地覆之后，飞碟忽然离开水面升到了空中——原来是小男孩发现了飞碟，正用手掌心托着它仔细观察呢！

　　咔嚓咔嚓赶紧按动按钮，唰地一下飞离了小男孩的手掌，从窗户缝逃走了。

"好险！差点变成人类的玩具！"咔嚓咔嚓惊魂未定地说。

水滴人却皱着眉头嘟囔道："洗澡用淋浴不就行了么！用浴缸多浪费水呀！地球上的淡水资源是有限的，人类再不节约用水，早晚有一天可能连喝的水都没有了，哼！"

节约用水：

① 洗手时不要长时间放水；洗完手要拧紧水龙头。

② 洗澡尽量用淋浴，减少使用浴缸。

③ 洗菜的水还可以用来涮拖把、浇花。

④

⑤

⑥

你还能想到什么？把它们写在横线上吧！

咔嚓咔嚓听水滴人说完，微笑着说："好啦，别生气啦！我相信很多人类在节约用水这方面已经行动起来了。时间不早了，我得赶快回去写任务报告啦！非常感谢你！""好，有机会欢迎你再来地球做客呀！"水滴人说完打了三下响指，立即就消失得无影无踪了。

下面是咔嚓咔嚓做的关于地球水资源的作业，小朋友，你来帮他完成吧！

地球表面 _____ 都被水覆盖。

有的水是 _____，比如海水，又苦又咸，不能喝。

有的水是 _____，比如河水、湖水，经过处理后可以喝。

自来水的水源主要是 _____

答案就在书里哦！

图书在版编目(CIP)数据

自来水从哪来 / 恐龙小Q儿童教育中心编. -- 北京：五洲传播出版社, 2017.8

（走进奇妙的科学）

ISBN 978-7-5085-3679-8

Ⅰ.①自… Ⅱ.①恐… Ⅲ.①给水 – 儿童读物 Ⅳ.①TU991-49

中国版本图书馆CIP数据核字(2017)第139563号

自来水从哪来

编　　著	恐龙小Q儿童教育中心
责任编辑	黄金敏
出版发行	五洲传播出版社
地　　址	北京市海淀区北三环中路31号生产力大楼B座6层
邮政编码	100088
电　　话	010-82005927　82007837（发行部）
网　　址	http://www.cicc.org.cn
印　　刷	小森印刷（北京）有限公司
开　　本	889mm×1194mm　1/16
印　　张	12
字　　数	15千
版　　次	2017年8月第1版
印　　次	2018年6月第3次印刷
定　　价	96.00元（全8册）

走进奇妙的科学

牛奶的旅程

恐龙小Q儿童教育中心 编

五洲传播出版社

"终于可以出去玩喽!"

暑假到了,小奇兴高采烈地和爸爸妈妈一起开始了去草原的旅程。

湛蓝的天空、洁白的云朵、茫茫的绿草、成群的牛羊……小奇觉得自己仿佛来到了另外一个世界,当车在一处牧民的蒙古包前停下时,他迫不及待地下了车。

"嗨,你好,我是小奇。"小奇友好地向一个拎着大水桶的女孩打招呼,"你叫什么名字呀?"

女孩腼腆地笑了笑,说:"我叫塔拉。"

"你在干什么啊?"

"去挤牛奶,晚上给你们喝。"

"挤牛奶?我能去看看吗?"

"当然可以,跟我来吧!"

小奇跟着塔拉来到一处牛栏,栏里关着一头小奶牛,栏外一位奶奶正把一头大奶牛拴在栏杆上。

"奶奶您好。"小奇很有礼貌地说,"我想看挤牛奶。"

"好啊,一会儿你就有新鲜的牛奶喝了。"奶奶边说边从塔拉手里接过大水桶,放在大奶牛的乳房下面,然后取来一把小凳子坐下。

"牛奶就是牛妈妈的奶吗?"小奇好奇地问。

"对,牛妈妈生了小牛就会产奶。"

"牛奶被挤出来给人喝了,小牛喝什么啊?"

"不用担心,牛妈妈奶水很足,小牛根本喝不完,咱们挤的是小牛喝剩的奶。"

奶奶一边和

小奇说话一边轻松地将白白的奶汁挤到桶里,小奇觉得很有意思,便跃跃欲试,他问:"我可以试试吗?"

奶奶笑着站起来,让小奇坐在小凳子上,手把手教他挤牛奶。但是,挤牛奶可是个技术活,小奇费了半天劲,却一点也没挤出来,只好把位置还给了奶奶。

挤好牛奶,奶奶拎起桶往厨房走去,小奇和塔拉也跟了过去。

"看起来好棒啊,我可以尝尝吗?"小奇边说边拿起勺子舀牛奶。

"不行不行!"塔拉急忙拉住小奇,"不能喝,会生病的!"

"要煮过才能喝哟!"奶奶把桶里的牛奶倒进灶上的大锅里,燃起柴火开始加热。

牛奶很快煮好了，小奇的爸爸妈妈也来到了厨房。

"来，刚煮好的牛奶，都尝尝吧，小心烫啊！"奶奶给每个人各舀了一碗牛奶。

"爸爸，为什么草原上的牛奶要煮一下才能喝呢？"小奇想不明白。

"因为刚挤出来的牛奶可能含有病菌，把牛奶煮开是为了杀菌。从超市里买的牛奶能直接喝是因为在牛奶厂已经杀过菌了。"爸爸解释说。

"牛奶厂也是把牛奶煮开吗？需要很大很大的锅吧？"小奇继续问。

"不是的！"塔拉抢着说，"我知道，我爸爸就在这附近的牛奶厂上班。"

"真的？我可以去参观吗？"小奇眼睛里闪着光，期待地问。

"没问题，让塔拉爸爸安排一下，明天就带你去看看！"奶奶笑着说。

第二天吃过早饭,塔拉爸爸便带着小奇和塔拉来到了牛奶厂。

"牛奶厂好大呀!"小奇惊叹到。

"因为牛奶厂里的机器又大又多,生产都是自动化呢!"塔拉爸爸自豪地说,"来,我先带你们参观牧场吧!"

"太好了,我最喜欢牧场了!"塔拉蹦蹦跳跳地跟着爸爸,小奇紧随其后。

"哇!这么多奶牛!"牛奶厂的牧场里有几百头奶牛,小奇还是第一次看到这么"壮观"的场面。

"这些奶牛还不够多,除了它们产的奶,工厂每天还要从外面运来很多牛奶才够用。"

"啊?光是这些奶牛,每天给它们挤奶就很辛苦了吧?"小奇惊讶地问道,"昨天我试着挤牛奶,一点也没挤出来呢……"

"牧场的奶牛每天要挤3次奶,都是在那边的挤奶房里由机器挤的,一点也不费力。我带你们去看看。"

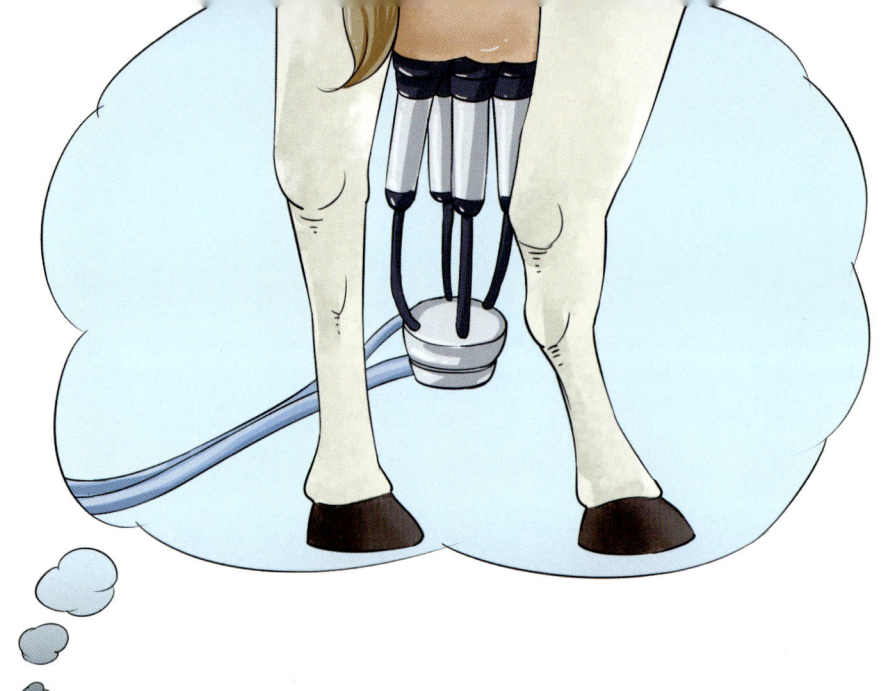

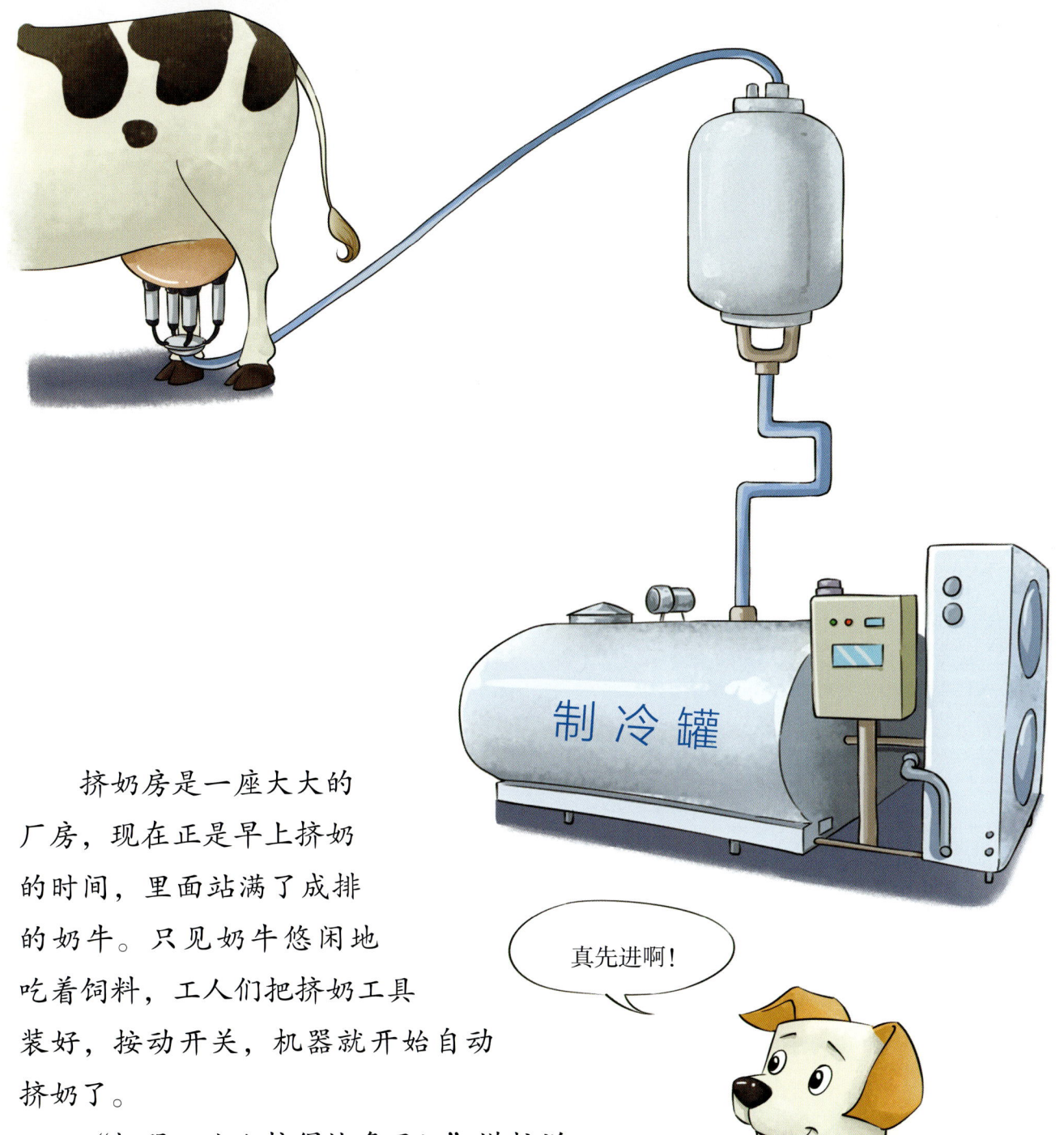

挤奶房是一座大大的厂房，现在正是早上挤奶的时间，里面站满了成排的奶牛。只见奶牛悠闲地吃着饲料，工人们把挤奶工具装好，按动开关，机器就开始自动挤奶了。

"机器可比人挤得快多了！"塔拉说。

"这些长长的管子是干什么用的啊？"小奇好奇地问。

"这些管道连接着外边的制冷罐，牛奶通过管道直接输送过去，既方便，又能防止细菌污染。"塔拉爸爸说。

"叔叔,牛奶挤好了就可以送去消毒杀菌了吗?"小奇问。

"不不不,在那之前还有很多工作要做,其中最重要的就是检查牛奶的质量。"

"怎么检查呢?"

"我知道!爸爸,是不是就是实验室里穿白大褂的叔叔阿姨来检查?"塔拉抢着说。

"是呀,每个牛奶厂都有专门的检验室。"

◆ 牛奶很容易被细菌污染，在生产前和生产过程中要经过多次检验，确定各项指标都合格后才能上市销售。

◆ 牛奶质检项目主要包括微生物指标、酸度测试、口感等指标的检测。

离开挤奶房,一行人来到牛奶生产车间。

"为了减少细菌污染,牛奶的生产过程是全封闭的,所以咱们只能隔着玻璃参观。"塔拉爸爸说。

透过厚厚的玻璃,小奇和塔拉看到由好多机器组成的生产线正马不停蹄地运转着。

"牛奶生产有很多环节——首先要对储存在制冷罐里的牛奶进行预热,然后再杀菌,接下来还要进行均质和冷却。"

◆ 均质是牛奶加工的新工艺,均质后的牛奶更利于人体吸收。

"超市里的牛奶为什么有的放在冷柜里,有的却放在货架上呢?"

"小奇很细心啊!"塔拉爸爸笑着说,"需要放冷柜的牛奶是巴氏杀菌奶,放货架不用冷藏的牛奶是常温奶,这两种牛奶的杀菌方式不一样。"

巴氏杀菌奶

采用低温杀菌法加工成的牛奶,温度一般为72℃~85℃,因由法国微生物学家路易·巴斯德发明而得名"巴氏"。

优点:保留鲜牛奶的营养。

缺点:保质期短,需要冷藏。

常温奶

采用高温瞬时杀菌法加工的牛奶,温度一般为135℃~150℃,加热时间为2~3秒。

优点:保质期长、无需冷藏。

缺点:高温杀菌容易损失营养。

只要是奶我都爱喝!

"快看那些包装好的牛奶，好像巡逻的卫兵一样，哈哈！"小奇指着一条生产线兴奋地说。

"牛奶的包装也有很大学问呢！小奇，想一想，你在超市里都见过什么样的牛奶包装？"塔拉爸爸问。

"嗯，有好多种，有纸盒、塑料袋，还有玻璃瓶、塑料瓶，还有像小房子一样的盒子！"

无菌塑料袋

无菌塑料袋里有一层黑色的涂层，能隔离光线、延长牛奶保质期。

百利包

百利包由多层无菌复合膜组成，比无菌塑料袋保质效果更好。

利乐包

利乐包是由纸、铝、塑组成的六层复合包装，能隔绝空气、光线和细菌，最大程度延长常温奶的保质期。

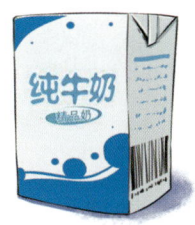

屋顶盒

屋顶盒也叫新鲜屋，是一种纸塑复合包装，最外层是塑膜，中间层是纤维，里层是铝箔。屋顶盒装奶需要冷藏，牛奶保质期比较短。

玻璃瓶

玻璃瓶具有环保、能重复使用、成本低的优点，而且用玻璃瓶装牛奶既可高温杀菌，也可低温贮藏；但是携带不便、份量重，而且容易破碎。

塑料瓶

塑料瓶比玻璃瓶轻便、易携带，但是不能直接重复使用，没有玻璃瓶环保。

"叔叔,除了纯牛奶,这里也生产酸奶吗?"小奇问。

"有啊,就在那边。生产酸牛奶要比生产纯牛奶复杂一些,在预热、杀菌、均质、冷却这些环节后,还要加入乳酸菌让牛奶发酵成酸奶,再进行调味,然后才能灌装。"

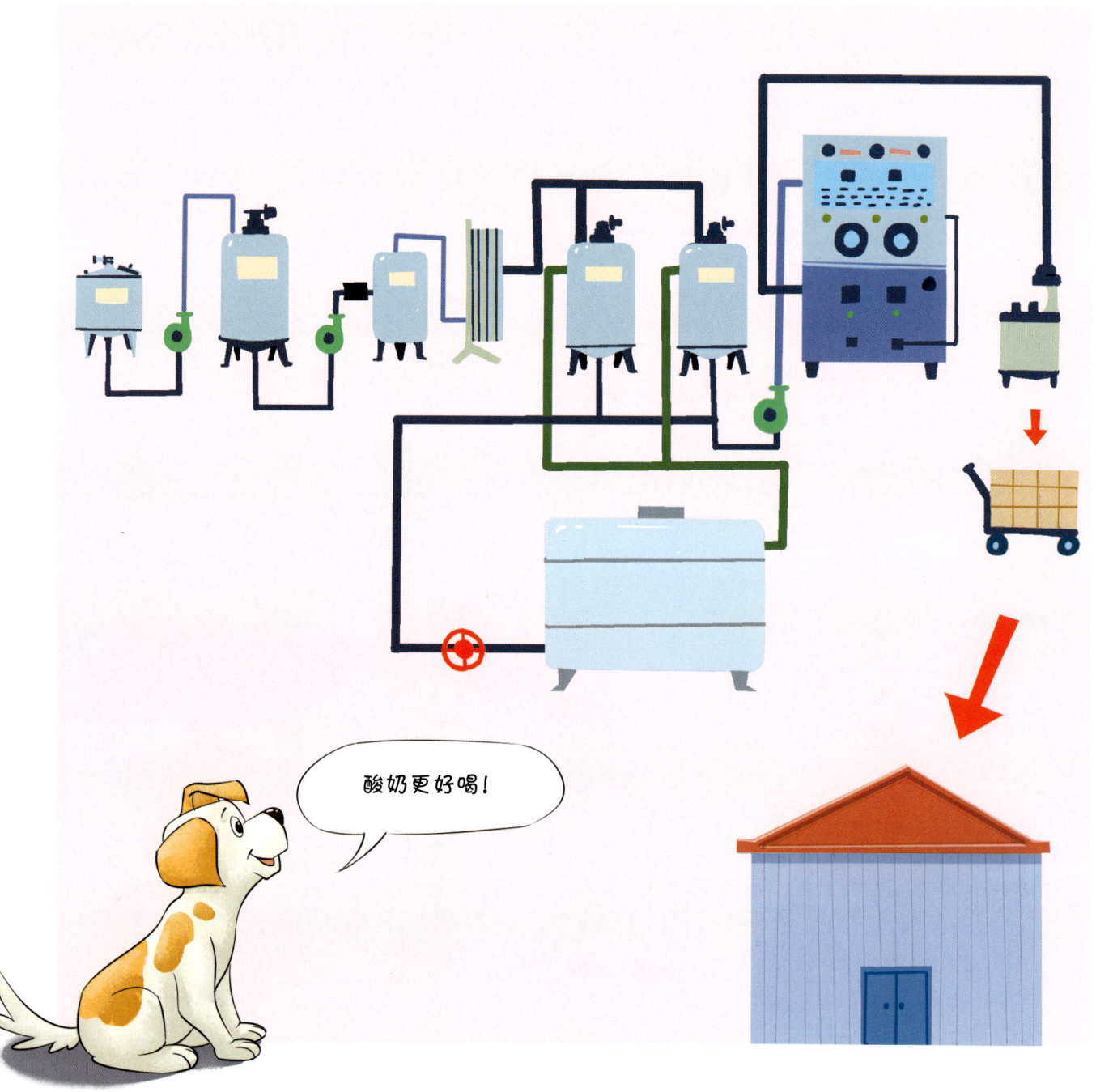

◆ 乳酸菌是一组菌的总称，其中包括乳球菌、片球菌、明串球菌、乳杆菌和双歧杆菌。

◆ 乳酸菌能分解牛奶中的蛋白质和乳糖，使牛奶的营养更容易被人体消化吸收。

◆ 保加利亚乳杆菌和嗜热链球菌是制作酸奶常用的两种菌。

"我奶奶自己就会做酸奶。"塔拉自豪地说,"她做的酸奶健康又好喝,回去让你尝尝!"

"好呀,妈妈说小孩子要多喝奶,能补钙!"小奇说。

"说得对,牛奶是最古老的天然饮料之一,有着'白色血液'之称。牛奶中含有丰富的活性钙,是非常好的补钙食物。"

- ◆ 牛奶不但钙含量高,而且牛奶中所含的乳糖还有促进钙吸收的作用。
- ◆ 没有调味、不含添加剂的新鲜巴氏杀菌纯牛奶是补充营养的最佳选择。

塔拉爸爸说:"好了,孩子们,牛奶厂参观到此结束啦!"
小奇说:"咱们赶紧回去吧!我现在就想喝奶奶做的酸奶!"

除了制成纯牛奶和酸奶，牛奶还能制成很多五花八门的乳制品，比如奶粉、奶酪、奶油、炼乳、冰淇淋等，小朋友，你都喜欢吃什么奶制品呢？用笔在下面的图中圈出你爱吃的奶制品吧！

炎炎夏日，有个简单的办法能让你不出门就吃到美味的冰棒，那就是——DIY酸奶水果冰棒！快来试试看吧！

工具 冰棒模具。

材料 酸奶，水果。

做法

1. 水果洗净切小块，与酸奶混合均匀。

2. 把水果酸奶倒入冰棒模具。

3. 把冰棒模具放入冰箱进行冷冻，大约4个小时之后就能吃了。

图书在版编目(CIP)数据

牛奶的旅程 / 恐龙小Q儿童教育中心编. -- 北京:五洲传播出版社,2017.8
（走进奇妙的科学）
ISBN 978-7-5085-3679-8

Ⅰ.①牛… Ⅱ.①恐… Ⅲ.①牛奶-儿童读物 Ⅳ.①TS252.2-49

中国版本图书馆CIP数据核字(2017)第139087号

牛奶的旅程

编　　著　恐龙小Q儿童教育中心
责任编辑　黄金敏
出版发行　五洲传播出版社
地　　址　北京市海淀区北三环中路31号生产力大楼B座6层
邮政编码　100088
电　　话　010-82005927　82007837（发行部）
网　　址　http://www.cicc.org.cn
印　　刷　小森印刷（北京）有限公司
开　　本　889mm×1194mm　1/16
印　　张　12
字　　数　15千
版　　次　2017年8月第1版
印　　次　2018年6月第3次印刷
定　　价　96.00元（全8册）

走进奇妙的科学

生活垃圾去哪了

恐龙小Q儿童教育中心 编

周末媛媛一个人在家,她拿了罐果汁,窝在沙发上边喝果汁边美滋滋地看起书来。

果汁喝完了,媛媛随手就把空易拉罐扔进了旁边的垃圾桶里。

"喂，喂！媛媛，媛媛！"

"咦，谁在叫我呀？"好奇怪，声音好像是从垃圾桶里发出的。

媛媛低头一看，好家伙，竟然是刚才扔掉的易拉罐在叫她！

"你，你会说话？！"

易拉罐并没有回答媛媛这个问题,而是一本正经地说道:"你不能把我随便扔进垃圾桶,因为我是可回收的!"

"啊?垃圾不是只要扔进垃圾桶就行了吗?"媛媛不解地问。

易拉罐使劲一蹦,跳到了沙发上,叉着腰神气地说:"当然不是,生活垃圾品种不同,成分多种多样,有的可以回收再利用,有的可以做肥料,有的要埋起来或烧掉,不是直接扔了就行的!"

"看你的样子肯定不知道这些,还是让我来给你详细说说吧!"易拉罐指着垃圾桶说,"像你们制造出来的这些生活垃圾一般可以分为可回收物、厨余垃圾、有害垃圾和其它垃圾四类。"

"你肯定没有仔细看过小区楼下的垃圾桶,每个垃圾桶上都有明确的标识呢!不同的垃圾要放进不同的垃圾桶。"易拉罐滔滔不绝地说,"我是金属材质,属于可回收物;吃剩的苹果核、香蕉皮等是厨余垃圾;不能用的电池、节能灯泡等是有害垃圾;用过的纸巾、打扫的尘土等不能回收,属于其它垃圾……"

可回收物

主要包括废纸、塑料、玻璃、金属和布料等几大类。

这些垃圾通过综合处理回收利用,可以减少污染,节省资源。

每回收 1 吨废纸可造好纸约 850 公斤。

厨余垃圾

主要包括剩菜、剩饭、骨头、菜根、菜叶、果皮等食品类废物。

厨余垃圾经生物技术堆肥，可制成有机肥料。

植物的残枝落叶、开败的鲜花也属于厨余垃圾。

骨头明明是我的食物，怎么成了垃圾？！

其它垃圾

主要包括砖瓦陶瓷、卫生纸、纸巾、尘土等。

卫生纸、纸巾虽然是纸类，但因为它们遇到水就会溶解，不能再用来造纸，所以不算可回收物。

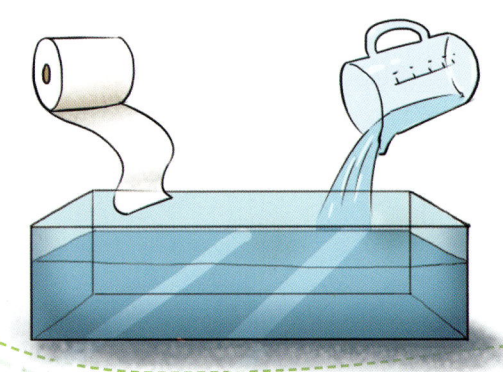

原来如此。

有害垃圾

主要包括电池、荧光灯管、灯泡、水银温度计、油漆桶、部分家电、过期药品等。这些垃圾含有对人体健康有害的物质，会对环境造成危害，需要单独处理。

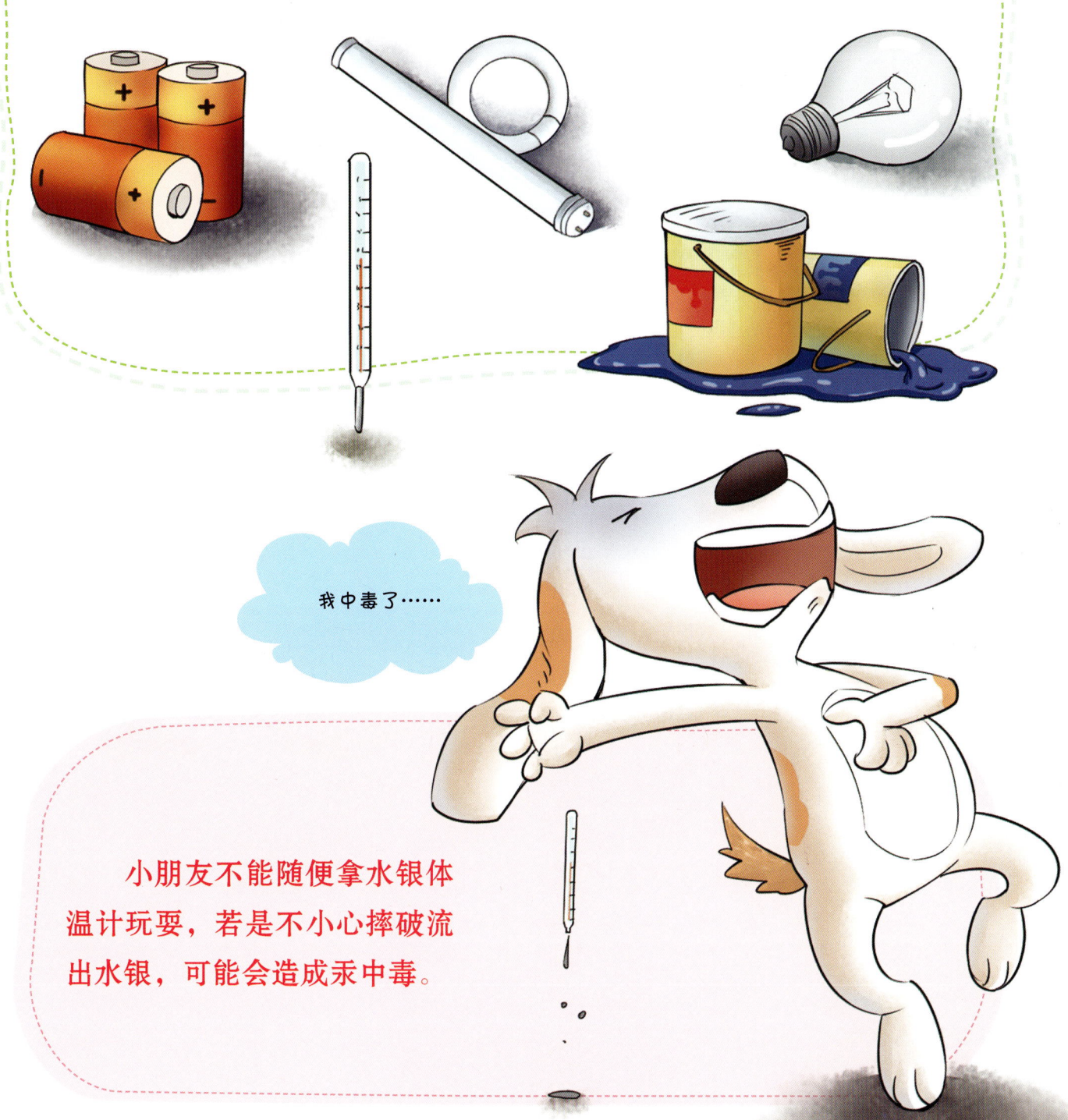

我中毒了……

小朋友不能随便拿水银体温计玩耍，若是不小心摔破流出水银，可能会造成汞中毒。

"你们人类太能制造垃圾了,每天都制造出那么多生活垃圾!"易拉罐拉长了声音,夸张地说道,"要是每个人在扔垃圾的时候都自觉做好分类,那可真算是做了一件大好事!"

易拉罐的话让媛媛羞红了脸,她赶紧转移话题:"那这么多生活垃圾都去哪里了呢?我觉得我小区里挺干净的啊!"

"这就得归功于你们人类完善的垃圾处理系统了。人们先是把垃圾做好分类,分别扔进不同的垃圾桶里。每天清晨,环卫工人都会开着垃圾车到各个社区收取垃圾,将垃圾运送到附近的垃圾清运站,再把它们集中运送到垃圾处理厂。"易拉罐说,"但遗憾的是,很多人不给垃圾做分类就直接丢掉了!"

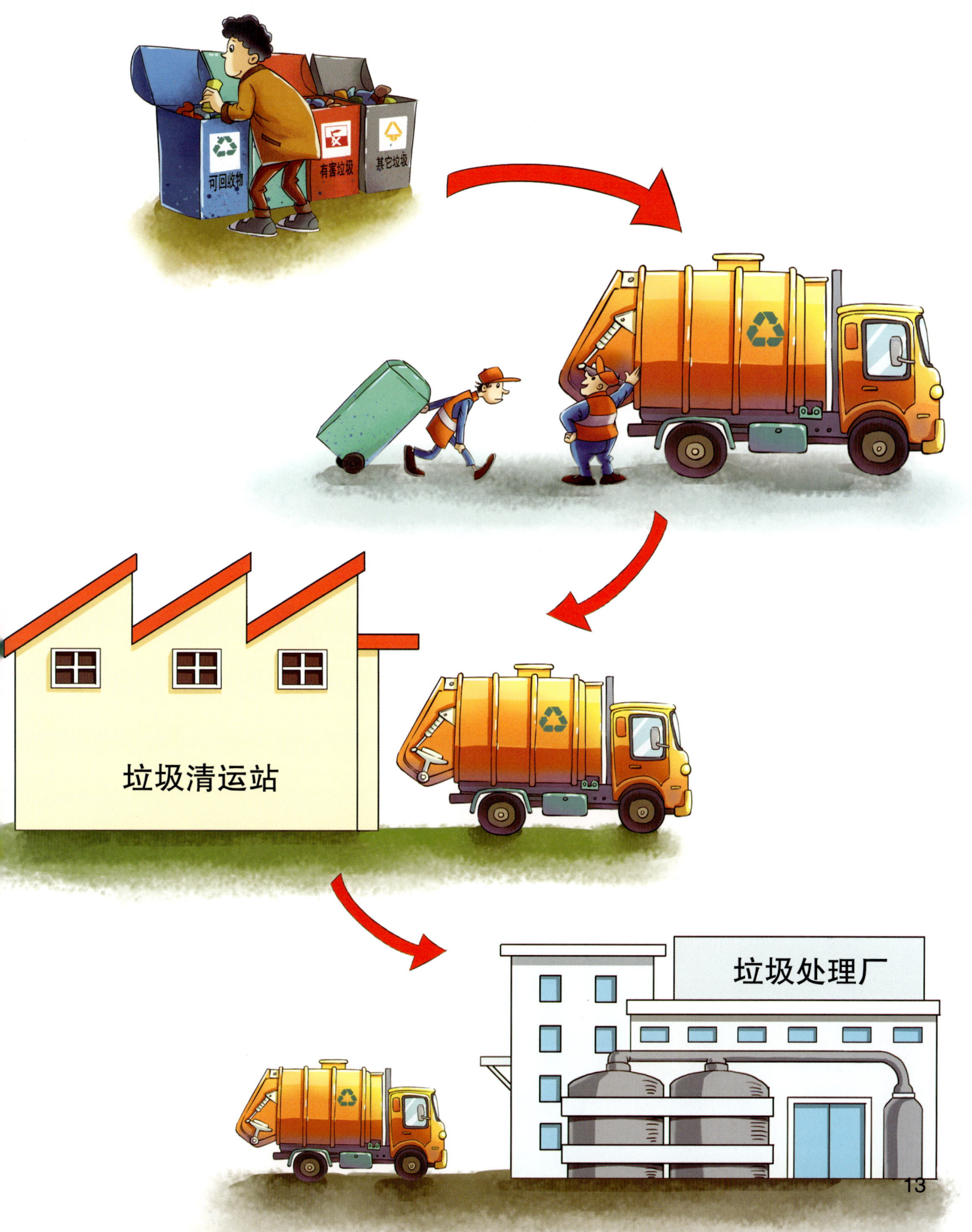

媛媛不好意思地低下了头。易拉罐继续说道:"到了垃圾处理厂,不同的垃圾会有不同的处理方法。像我这种金属制品,会被送去工厂,经过加工制成新的金属材料;剩菜剩饭等厨余垃圾大多会被送去制成肥料;纸巾等其它垃圾,则会被送去进行填埋或焚烧。"

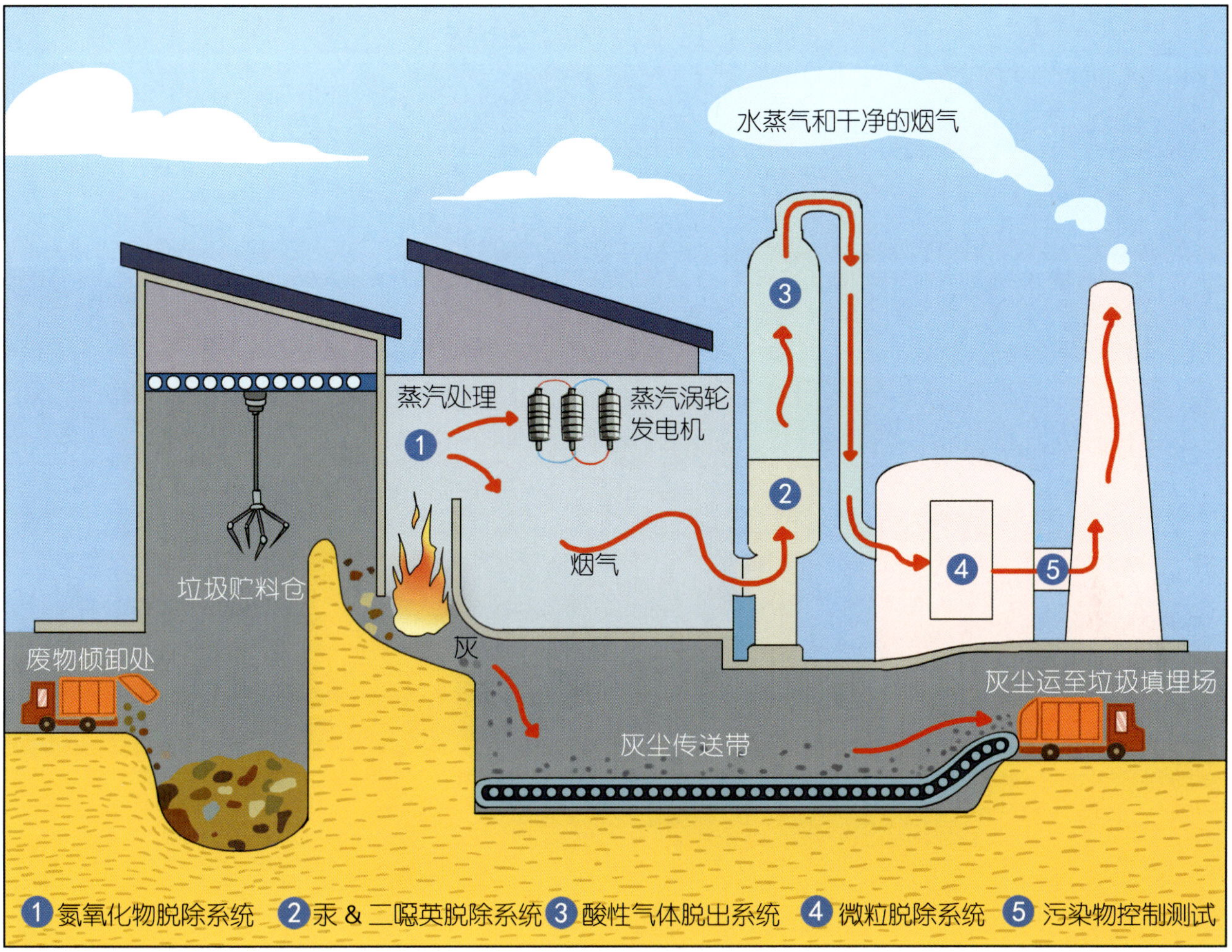
水蒸气和干净的烟气
蒸汽处理
蒸汽涡轮
发电机
1
2
3
烟气
4
5
垃圾贮料仓
废物倾卸处
灰
灰尘运至垃圾填埋场
灰尘传送带
1 氮氧化物脱除系统
2 汞 & 二噁英脱除系统
3 酸性气体脱出系统
4 微粒脱除系统
5 污染物控制测试

污染控制系统

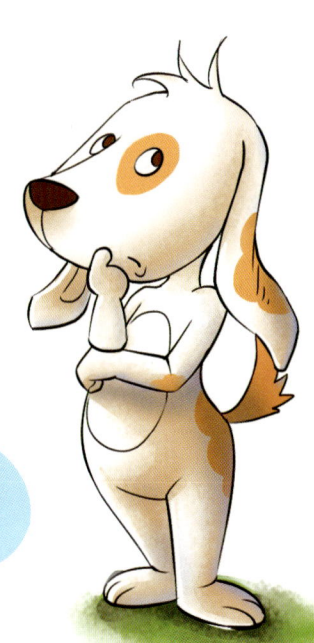

垃圾焚烧是我国处理生活垃圾的一种重要方式，焚烧垃圾还可以用于发电。

优点

占地面积小，效率高，回收垃圾焚烧产生的热量还可用来发电。

缺点

必须配有烟气处理设施，否则会对环境造成污染。

垃圾填埋是我国采用最广泛的垃圾处理方式。利用坑洼地带填埋城市垃圾，既可处置废物，又可覆土造地、保护环境。

优点

技术简单成熟、处理费用低。

媛媛歪着脑袋听易拉罐讲完垃圾焚烧和垃圾填埋，眨巴着大眼睛问："可是，如果一直不停地在地球上挖坑、埋垃圾，那地球不是早晚会被垃圾填满吗？这可怎么办！"

　　易拉罐神秘地笑笑，说："这个嘛，想要将地球填满垃圾也不是那么容易，因为埋入地下的垃圾经过一定时间可以降解为自然界常见的化学元素，回归自然循环。"

垃圾降解

　　一些垃圾可以靠自然分解的方式，在微生物作用下发生生物化学反应，经过一定时间后实现"自我消化"，最终形成二氧化碳和水等自然界常见形态的化合物。这个过程被称作"降解"。

"不过,有些物质很难降解,比如买菜时用来装菜的薄薄的塑料袋。这些半透明塑料袋有着'白色污染'之称,因为它们使用、废弃量大,又不易降解,对环境的危害很大。"

"原来如此,怪不得去超市的时候妈妈总要带上能反复使用的环保布袋。"媛媛恍然大悟道。

限塑令

我国曾发布过关于限制生产、销售、使用塑料购物袋的通知(俗称"限塑令"),规定从2008年6月1日起,在全国范围内禁止生产、销售、使用厚度小于0.025毫米的塑料购物袋,并且在所有超市、商场、集贸市场等商品零售场所实行塑料购物袋有偿使用制度,一律不得免费提供塑料购物袋。

"地球只有一个,如果你们人类制造的垃圾把地球都堆满了,那你们还怎么生活呢?所以呀,每个人都要自觉做到减少制造垃圾、做好垃圾分类哦!"易拉罐的话说得头头是道。

"嗯,我明白啦!我要把这些垃圾处理的知识讲给我的爸爸妈妈和朋友们听,大家一起努力,保护'地球妈妈'!"媛媛兴奋地说。

保护环境
做好垃圾分类

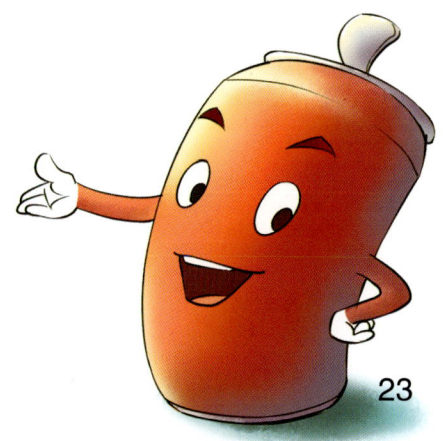

小朋友,地球只有一个,大家要努力保护好我们的家园哦!请你跟朋友们一起制作"保护环境、减少垃圾、做好分类"的宣传牌和宣传单,到公园做一次环保活动吧!

图书在版编目(CIP)数据

生活垃圾哪去了 / 恐龙小Q儿童教育中心编. -- 北京：五洲传播出版社, 2017.8
（走进奇妙的科学）
ISBN 978-7-5085-3679-8

Ⅰ.①生… Ⅱ.①恐… Ⅲ.①垃圾处理-儿童读物Ⅳ.①X705-49

中国版本图书馆CIP数据核字(2017)第139574号

生活垃圾哪去了

编　　著	恐龙小Q儿童教育中心
责任编辑	黄金敏
出版发行	五洲传播出版社
地　　址	北京市海淀区北三环中路31号生产力大楼B座6层
邮政编码	100088
电　　话	010-82005927　82007837（发行部）
网　　址	http://www.cicc.org.cn
印　　刷	小森印刷（北京）有限公司
开　　本	889mm×1194mm　1/16
印　　张	12
字　　数	15千
版　　次	2017年8月第1版
印　　次	2018年6月第3次印刷
定　　价	96.00元（全8册）